CAMINHO DE INICIAÇÃO À VIDA CRISTÃ

Terceira Etapa
CADERNO DO CATEQUIZANDO

Diocese de Caxias do Sul

CAMINHO DE INICIAÇÃO À VIDA CRISTÃ

Terceira Etapa
CADERNO DO CATEQUIZANDO

EDITORA VOZES

Petrópolis

© 2015, Editora Vozes Ltda.
Rua Frei Luís, 100
25689-900 Petrópolis, RJ
www.vozes.com.br
Brasil

1ª reimpressão, 2017.

Todos os direitos reservados. Nenhuma parte desta obra poderá ser reproduzida ou transmitida por qualquer forma e/ou quaisquer meios (eletrônico ou mecânico, incluindo fotocópia e gravação) ou arquivada em qualquer sistema ou banco de dados sem permissão escrita da editora.

CONSELHO EDITORIAL

Diretor
Gilberto Gonçalves Garcia

Editores
Aline dos Santos Carneiro
Edrian Josué Pasini
Marilac Loraine Oleniki
Welder Lancieri Marchini

Conselheiros
Francisco Morás
Leonardo A.R.T. dos Santos
Ludovico Garmus
Teobaldo Heidemann
Volney J. Berkenbrock

Secretário executivo
João Batista Kreuch

Revisão: Jardim Objeto
Projeto gráfico e diagramação: Ana Maria Oleniki
Capa: Ana Maria Oleniki
Ilstrações: Daniel de Souza Gomes

ISBN 978-85-326-5057-3

Editado conforme o novo acordo ortográfico.

Este livro foi composto e impresso pela Editora Vozes Ltda.

Sumário

Apresentação 7

Meta a ser alcançada 11

Passos do caminho 12

Leitura Orante da Palavra 13

1º Encontro: Eis-me aqui, Senhor! 16

2º Encontro: Jesus nos convida para sermos seus discípulos 20

3º Encontro: Ser discípulo na família 24

4º Encontro: O discípulo vive a fé em comunidade 28

5º Encontro: A esperança cristã: viemos de Deus e para Ele retornamos 32

6º Encontro: O discípulo vive sua fé na sociedade 37

7º Encontro: Seguir Jesus é viver a solidariedade 41

8º Encontro: O discípulo de Jesus é vigilante 46

9º Encontro: O amor de Deus é tão grande que nos envia seu Filho Jesus 50

10º Encontro: Jesus nasce no meio de nós 53

11º Encontro: O desejo de ver Jesus 57

12º Encontro: Campanha da Fraternidade 62

13º Encontro: Jesus é a água viva 66

14º Encontro: Quaresma: tempo de fazer escolhas 72

15º Encontro: O discípulo faz a experiência da misericórdia do Pai 76

16º Encontro: Bendito o que vem em nome do Senhor 80

17º Encontro: Vigília Pascal: Aleluia! 84
18º Encontro: Jesus Ressuscitado confirma os discípulos na fé 89
19º Encontro: O ressuscitado envia em missão 93
20º Encontro: O domingo: Páscoa semanal dos cristãos 98
21º Encontro: Os discípulos continuam a missão de Jesus.................... 102
22º Encontro: A comunidade dos discípulos celebra a vida....................105
23º Encontro: Batizados em nome da Trindade 109
24º Encontro: O batismo nos compromete com o outro 113
25º Encontro: Jesus ensina o caminho da felicidade 117
26º Encontro: A força do testemunho 121
27º Encontro: Este é meu Filho amado! 126
28º Encontro: Ser discípulo é comprometer-se na comunidade.........130
29º Encontro: O discípulo sabe reconhecer e agradecer 134
Anexo 1: Amo minha Igreja! Sou dizimista.. 138
Anexo 2: Vocação: chamado à vida 142
Orações do cristão 146

Apresentação

A Diocese de Caxias do Sul apresenta e oferece este caderno a você, catequizando. Ele foi pensado para que você possa acompanhar melhor os encontros de catequese. Ele não é um manual de catequese, mas um caderno que possibilita mais facilmente acompanhar o processo catequético e manter viva a memória dos encontros. Nele você poderá escrever o que for necessário: as orações, as anotações pessoais de cada encontro, a partir da orientação do catequista.

Ele acompanha o mesmo esquema dos encontros do *Livro do Catequista*. No final do caderno se encontram as orações que, como cristãos somos convidados a rezar: os mandamentos, sacramentos e pecados capitais. Será, também, por meio deste caderno que você poderá conversar com seus familiares e juntos vivenciar os compromissos assumidos no encontro de catequese. Enfim, é um caderno de apoio para seus encontros de catequese e serve como orientação para a vida de fé.

A catequese que propomos é *Caminho de Iniciação à Vida Cristã*, baseada na Palavra de Deus. Esta conduz você, catequizando, a um encontro com Jesus Cristo vivo, na sua vida e na comunidade, para ser discípulo missionário na Igreja e na sociedade.

Desejamos que todos os catequizandos façam bom proveito deste material.

Equipe de Animação Bíblico-Catequética
Diocese de Caxias do Sul

Dados Pessoais

Nome:

Endereço

Rua: Nº:

Telefone residencial ou celular:

E-mail:

Nome dos pais ou responsáveis:

Comunidade a que pertence:

Paróquia:

Nome do catequista:

Anotações

Meta a ser alcançada

A terceira etapa da catequese de Iniciação à Vida Cristã situa-se em continuidade com as duas etapas anteriores.

A terceira etapa quer favorecer a experiência do discipulado de Jesus Cristo. É um convite para o catequizando, que percorreu um caminho com Jesus Cristo que o conduziu à mesa da Eucaristia e à vida eucarística, aprofundar a sua adesão a Jesus Cristo, apresentando um novo estilo de vida. O foco aqui apresentado é o discipulado. Caminhando com Jesus, na vivência comunitária do mistério pascal expresso no ano litúrgico, o catequizando sente-se convocado a, progressivamente, assumir em sua vida as motivações e o jeito de Jesus viver. Sente-se chamado a ser discípulo na família, na comunidade e na sociedade. O discípulo vai se formando para testemunhar e anunciar o Evangelho do Reino. Por isso, as diversas atividades estarão focadas no testemunho que expressa a alegre pertença a Jesus Cristo e à comunidade cristã.

Anotações

Passos do Caminho

a. O catequizando é inscrito na primeira etapa da catequese para a Iniciação Cristã na idade de nove anos, seguindo sucessivamente os quatro anos sem necessidade de novas inscrições.

b. A catequese acompanhará o ano litúrgico, desvinculado do ano civil. Iniciará no mês de outubro.

c. Férias: a partir da metade de dezembro até o fim de fevereiro.

d. O reinício dos encontros, no ano seguinte, ocorre no fim de fevereiro ou no início de março, na primeira semana da quaresma, acompanhando o caminho do ano litúrgico, da quaresma e da Páscoa, dando especial atenção ao tríduo pascal. Segue-se com o caminho do ano litúrgico até a metade de setembro.

e. Na primeira semana de outubro do ano seguinte, continua a catequese com a quarta etapa.

f. Os encontros catequéticos estão elaborados para facilitar a sintonia, o acompanhamento e a vivência do ano litúrgico. Seguem o método "Jesus, Verdade, Caminho e Vida", e desenvolverão atividades e dinâmicas que envolvam os catequizandos, os pais e a comunidade.

g. Os encontros de catequese não terminam com a celebração do Sacramento da Eucaristia e da Crisma, mas continuam após a celebração do Sacramento até concluir o ano catequético.

h. Os pais ou responsáveis devem acompanhar seus filhos no Caminho da Iniciação à Vida Cristã, mostrar interesse, participar juntos nas celebrações da comunidade e ajudá-los na vivência da fé.

i. O espaço *Anotações Pessoais* está reservado para o registro do compromisso ou tarefas, comunicações e lembretes.

Leitura Orante da Palavra

Na proposta de catequese para o Caminho de Iniciação à Vida Cristã, optamos pelo método da Leitura Orante. Este método ajuda a assimilar o que a mesma Bíblia diz em Dt 30,14: "A Palavra está muito perto de ti: na tua boca e no teu coração, para que a ponhas em prática".

Como se faz a LEITURA ORANTE DA PALAVRA?

Antes de tudo, a atitude é colocar-se à luz do Espírito de Deus e pedir sua ajuda. São quatro os passos da Leitura Orante da Bíblia: Leitura, Meditação, Oração, Contemplação.

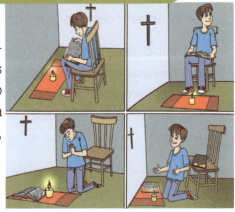

1º Passo

Leitura atenta do texto, feita várias vezes

De acordo com Dt 30,14 "A Palavra está muito perto de ti: na tua boca e no teu coração, para que a possa colocar em prática". Aqui descobrimos o que o texto diz em si mesmo.

O que diz o texto?

- Considerar o sentido de cada frase.
- Destacar os personagens, as imagens, os verbos, as ações.
- Repetir alguma frase ou palavra que mais chamou a atenção.

2º Passo

Meditação

É uma forma simples de meditação. É o momento de saborear o texto com cores e cheiros de hoje, da nossa realidade.

O que o texto me diz?

★ Ruminar, trazer o texto para a própria vida, a realidade pessoal e social.

★ O que Deus está me falando?

★ Que conversão me pede?

★ Atualizar a Palavra para a realidade do lugar, do grupo, do momento.

3º Passo

Oração

O terceiro passo é a oração pessoal que desabrocha em oração comunitária, expressão espontânea de nossas convicções e sentimentos mais profundos.

O que o texto me faz dizer a Deus?

★ Formular a oração, suplicar, louvar a Deus, dialogar com Deus.

★ Rezar com um salmo que expresse o sentimento que está em cada um e no grupo.

4º Passo

Contemplação

Olhar a vida com os olhos de Deus. É o transbordamento do coração em ação transformadora: "Para que ponhas em prática"(Dt 30,14). Contemplar não é algo intelectual, que se passa na cabeça. É um agir novo que envolve todo nosso ser.

✭ A partir deste texto, como devo olhar a vida, as pessoas e a realidade?

✭ O que devo fazer de concreto?

✭ O que ficou em meu coração e me desperta para um novo modo de ser e de agir?

✭ Em quê esta Palavra me ajuda a ser mais discípulo ou discípula de Jesus?

Data / /

Eis-me aqui Senhor!

O início da terceira etapa do Caminho de Iniciação à Vida Cristã convida para abrir o coração e colocar-se atento à Palavra para cumprir o projeto de Deus. Todo ser humano carrega dentro de si o desejo de realização, de felicidade e, em especial, do sentido da vida. A felicidade é a resposta do encontro com o outro nas suas necessidades. Escutar o chamado de Deus e responder com alegria os desafios e torná-los caminho de vida em abundância.

1 Momento de acolhida e oração

- Iniciar com o sinal da cruz e de mãos dadas rezar o Pai-Nosso.
- Conversar sob a orientação do catequista:
  - Quais são os fatos importantes que aconteceram na segunda etapa e as expectativas para a terceira?
  - O que é ser chamado, hoje?
  - Quando somos chamados? Para quê somos chamados?

2 Jesus Verdade! Ajuda-me a conhecer a Tua Palavra

- Leitura do texto bíblico: 1 Sm 3,1-10.

- Sob a orientação do seu catequista, encenar o texto bíblico do chamado de Samuel.
- Para refletir e partilhar:
  - Quem são os personagens deste texto? O que fazem?
  - Destacar a expressão, a frase que mais chamou sua atenção.

_____

_____

3 Jesus Caminho! Abre meu coração para acolher a Tua vontade

- Para pensar, responder e conversar:
  - O que esta Palavra de Deus nos diz?

_____

_____

  - Que convite nos faz?

_____

_____

  - O que significa estar dormindo, hoje?

_____

_____

  - Quando estamos dormindo?

_____

_____

  - O que escutamos com maior frequência no dia a dia?

_____

_____

4 **Jesus Vida! Fortalece a minha vontade para viver a Tua Palavra**

- Que oração brota do meu coração diante desta Palavra de Deus? Escreva-a.

- Rezar juntos o Salmo 139, 1-16.
- Cantar a música proposta pelo catequista.

5 Compromisso

- Entrevista: Ao longo da semana, conversar com pessoas de diferentes profissões e perguntar:
  - O que fazem? Preocuparam-se em responder a um chamado de Deus? Anotar em seu caderno.

6 Compreendendo a missa

> A missa é a maior e a mais poderosa oração da qual dispõe o católico. Pode ainda ser chamada de celebração eucarística. A Eucaristia significa ação de graças, louvor, agradecimento por tudo o que Deus fez e faz por nós.

Anotações Pessoais

Data / /

Jesus nos convida para sermos seus discípulos

Jesus nos chama para sermos discípulos. Precisamos ficar atentos para ouvir o chamado do Mestre e aceitar o convite. Discípulo significa assumir o seu estilo de vida. A força do discípulo está no Espírito que o inspira e fortalece até o fim. Os ensinamentos de Jesus vão além das instituições, das regras e das leis feitas pelos homens. Os discípulos são convidados a se associarem à paixão de Jesus, não como requisito para alcançar um lugar de honra no Reino, mas como o único meio de serem fiéis à sua condição de discípulos.

1 Momento de acolhida e oração

- Cada um de nós é importante. A presença de cada um neste processo de formação de discípulos missionários é fundamental para conhecer mais a Jesus e para segui-lo como discípulo.
- Iniciar com o sinal da cruz.
- Partilhar o resultado do compromisso do último encontro.

- Conversar com o seu catequista e colegas quais são os fatos importantes que recordamos hoje.
- Cantar a música proposta pelo catequista.
- Rezar juntos a oração pelas vocações, que está no final do livro.

2 Jesus Verdade! Ajuda-me a conhecer a Tua Palavra

- Leitura do texto bíblico: Lc 5,1-11.
- Reler mais uma vez o texto em silêncio.
- Para refletir e partilhar:
    - Onde acontece na cena? Quem está presente?
    - Imaginar o lugar descrito pelo texto bíblico e ouvir Jesus dizer: "*avancem para águas mais profundas*".

3 Jesus Caminho! Abre meu coração para acolher a Tua vontade

- Pense, responda e converse:
    - O que esta Palavra de Deus nos diz?
    - Ser discípulo de Jesus significa assumir o seu estilo de vida, na pobreza, na simplicidade, na humildade, com toda a coragem e clareza, em todas as circunstâncias. É possível viver assim?
- Cantar a música *Navegarei em águas mais profundas* (CD Para além das margens) e trocar ideias sobre a letra.

- O que significa para nós a frase: "Lançai as redes em águas mais profundas"?

◉ Que lição esta Palavra de Deus nos oferece? Que convite nos faz?
_____
_____
_____
_____

4 Jesus Vida! Fortalece a minha vontade para viver a Tua Palavra

◉ Rezar juntos o Salmo 16 e, em silêncio, cada um repete frases e expressões que mais chamou a atenção.

5 Compromisso

◉ Com a ajuda dos pais, descobrir pessoas que são exemplos e fazem bem ao mundo. Depois, registre para partilhar com seus colegas e catequista no próximo encontro.

_____
_____
_____
_____
_____

6 Compreendendo a missa

Muitos irmãos e irmãs católicos ainda não sabem o verdadeiro significado e o valor de uma Santa Missa. Alguns vão apenas por um sentido de obrigação ou quando algo não vai bem. Outros participam de vez em quando, apenas nas festas principais ou abandonam a Igreja porque julgam muito repetitivo. Desconhecem o verdadeiro valor da celebração.

Anotações Pessoais

Data / /

Ser discípulo na família

Devemos pôr em prática, em toda nossa vida, o ensinamento de Jesus. Esta prática começa em casa, na nossa própria família. Jesus disse: "Minha mãe e meus irmãos são aqueles que ouvem a Palavra de Deus e a põem em prática"(Mt 3, 3 5).

1 Momento de acolhida e oração

- Sob a orientação do seu catequista:
  - Iniciar com o sinal da cruz cantado.
  - Partilhar os nomes das pessoas elencadas junto com os pais no compromisso do encontro anterior.
  - Observe o cenário do encontro e identifique a sua experiência de família.
- Para conversar:
  - Quais são os fatos importantes que recordamos e que envolvem as famílias?
- Ouvir a música: *Vou cuidar da família* (CD Deus é amor de Pe. Ezequiel Dal Pozzo).

2 Jesus Verdade! Ajuda-me a conhecer a Tua Palavra

- Aclamar a Palavra cantando.
- Leitura do texto bíblico: Mc 3, 31-35.
- Para refletir e partilhar:
    - Reler o texto em silêncio.
    - Destacar as expressões e as palavras que mais chamaram sua atenção..

3 Jesus Caminho! Abre meu coração para acolher a Tua vontade

- Partilhar com os colegas e depois registrar em seu caderno.
    - O que nos diz a Palavra de Deus?
    - Que lição nos oferece?
    - Que convite nos faz?

_____
_____
_____
_____
_____
_____

- Para conversar com o seu catequista e colegas:
    - Como está a realidade de nossas famílias?
    - O que precisamos fazer para que as nossas famílias vivam os valores cristãos?
    - Comente o que significa para você a frase: Ser família não é só morar juntos, no mesmo teto, mas é respeitar-se, ajudar-se, partilhar e amar.

4 Jesus Vida! Fortalece a minha vontade para viver a Tua Palavra

- Representar a história da sua família em cartaz. Depois, partilhar com o grupo.

- Rezar juntos a oração pela família que está nas *Orações do cristão*, no final de seu livro.

5 Compromisso

- Reunir a família para conhecer melhor a história da formação da família.
- Conversar com a família sobre as conquistas e dificuldades vividas.
- Vocês conhecem famílias que precisam de apoio, ajuda e coragem para levar adiante sua missão? O que nós podemos fazer para ajudar? Escrever.

6 Compreendendo a missa

Por que ir à Igreja? O individualismo não tem lugar no Evangelho, pois a Palavra de Deus nos ensina a viver como irmãos. O próprio céu é visto como uma multidão em festa e não como indivíduos isolados. A Igreja é o Povo de Deus. Com ela, Jesus fez a Nova e Eterna Aliança no seu Sangue. A palavra Igreja significa "assembleia. É um povo reunido na fé, no amor e na esperança pelo chamado de Jesus Cristo. Por isso, embora seja muito importante a oração individual ou em casa, ela não tem o mesmo valor da celebração feita em comunidade.

Anotações Pessoais

Data / /

O discípulo vive a fé em comunidade

O grande ideal que Jesus Cristo nos apresenta é de sermos irmãos uns dos outros. O desejo de construir a fraternidade entre as pessoas, povos, raças e religião é constante no Evangelho. Só aprendemos a fraternidade ao socializar os espaços e multiplicarmos oportunidades de participação das pessoas. A comunidade é a expressão desta vontade de sermos um mundo mais irmão. Como seguidores de Jesus, não podemos nos isolar. Juntos, com os outros, em comunidade-igreja, crescemos na fé, no conhecimento de Jesus Cristo e do seu Evangelho.

1 Momento de acolhida e oração

- Iniciar com o sinal da cruz.
- Conversar sobre o compromisso assumido no último encontro e a celebração não sacramental experienciada.
- Trocar informações com o catequista e colegas sobre:
  - O que conhecemos sobre nossa comunidade?

- Quais são os fatos importantes que recordamos e nos falam da vida da comunidade?
- Cantar a música: *O povo de Deus no deserto andava* (Pe. Zezinho).
- Rezar juntos a oração do Senhor, o Pai-Nosso.

2 Jesus Verdade! Ajuda-me a conhecer a Tua Palavra

- Leitura do texto bíblico: Ef 4,1-11.
- Para refletir e partilhar:
  - Retomar a Palavra de Deus e destacar as frases mais importantes.
  - O que diz o texto? Contá-lo.

3 Jesus Caminho! Abre meu coração para acolher a Tua vontade

- Ler as perguntas, conversar com o catequista e colegas. Depois, registre as principais ideias sobre o que precisa fazer para acolher a vontade de Deus.
  - O que esta Palavra de Deus nos diz?
  - Que lição nos oferece? Que convite nos faz?
  - Como está a nossa participação na comunidade? Como a nossa família participa?
  - Valorizamos os momentos celebrados na comunidade?
  - Apreciamos as amizades que formamos em nossa comunidade?

4 **Jesus Vida! Fortalece a minha vontade para viver a Tua Palavra**

- Rezar juntos o Salmo da Bíblia 133: *Vejam como é bom, como é agradável os irmãos viverem juntos*.

- Cada um, no silêncio, faça sua oração a Deus e depois a escreva.

_____
_____
_____
_____
_____

- Cantar a música proposta por seu catequista.

5 **Compromisso**

- Participar de momentos diferentes da vida da comunidade. Ver com os pais em que podem se envolver mais e contribuir no crescimento da comunidade.

6 **Compreendendo a missa**

A missa é o centro da vida cristã, a festa da comunidade e o sinal da unidade dos batizados, que vivem a mesma fé e se alimentam do mesmo Pão. Os batizados são o corpo de Cristo. Cristo é a cabeça do corpo. São Paulo disse aos cristãos: "Agora não há mais judeu nem grego, nem escravo, nem livre, nem homem, nem mulher. Pois todos vós sois um só em Cristo Jesus" (Gl 3,28).

Anotações Pessoais

5º Encontro

Data / /

A esperança cristã: viemos de Deus e para Ele retornamos

Fomos feitos para Deus, para uma felicidade sem fim. Nosso caminho na terra deve ser vivido com dignidade sob o olhar de Deus. A certeza da felicidade plena, na casa de Deus, nos faz avançar no valor da vida, apesar das limitações e imperfeições que encontramos no caminho. A escolha da vida ou da morte está em nossas mãos. Não é simples fazer um discernimento sobre a escolha do caminho a seguir. Acreditar na vida eterna não é só pensar no depois, no pós-morte, mas nas escolhas que aqui fazemos e para onde elas nos conduzem. A esperança nos aproxima de Deus desde a nossa vida concreta.

Neli Basso

1 Momento de acolhida e oração

- Retomar o compromisso do encontro anterior.
- Iniciar com o sinal da cruz.
- Olhar o cenário do encontro e partilhar:
  - Quais são os fatos importantes que recordamos e nos falam da vida e da morte?

- Cantar a música proposta por seu catequista.
- Rezar juntos o Pai-Nosso.

2 Jesus Verdade! Ajuda-me a conhecer a Tua Palavra

- Canto.
- Leitura do texto bíblico: 2Ts 2, 13-17.
- Aclamar a Palavra de Deus cantando.
- Reler o texto com atenção.
- Para refletir e partilhar:
  - De que fala o texto que acabamos de ouvir?

3 Jesus Caminho! Abre meu coração para acolher a Tua vontade

- Conversar e responder:
  - O que esta Palavra de Deus nos diz?

  - Que lição nos oferece?

  - Que convite nos faz?

  - Como é viver uma cultura a favor da vida? Em que e como "gastamos" nossa vida?

- Ler juntos:

> "Não sei... se a vida é curta ou longa demais pra nós, mas sei que nada do que vivemos tem sentido, se não tocamos o coração das pessoas"(Cora Coralina).

- Cantar e conversar a letra da música: *Em prol da vida* (Pe. Zezinho), buscando responder a pergunta:
    - Que caminho ela nos propõe? Depois registre a conclusão que você e seus colegas chegaram.

_____
_____
_____
_____
_____

4 Jesus Vida! Fortalece a minha vontade para viver a Tua Palavra

- Em silêncio, cada um faça uma oração a Deus respondendo: O que esta Palavra me faz dizer a Deus? Escreva-a.

- Rezar juntos o Salmo 23 da Bíblia: *O Senhor é meu Pastor.*

Oração: *Senhor, Jesus Cristo, Tu és vida e ressurreição! Afirmaste que na casa do Pai há muitas moradas. Confiamos nesta tua Palavra. Faze-nos acreditar e viver em plenitude a vida que nos destes para merecermos a vida plena em Ti. Amém.*

5 Compromisso

- Buscar dados estatísticos de jovens que morrem por causa da droga, da alta velocidade, da violência, das bebidas.

_____
_____
_____
_____
_____
_____
_____
_____
_____
_____
_____
_____

6 Compreendendo a missa

> Na missa fazemos parte da assembleia dos filhos de Deus. Nas celebrações, participamos com palavras, gestos e atitudes. O olhar, as mãos, a palavra, o seu silêncio, o seu gesto, tudo é expressão de sua vida. Não podemos ficar isolados, mudos, cada um no seu cantinho. A nossa fé, o nosso amor a Jesus e os nossos sentimentos são manifestados através dos gestos, das palavras, do canto, da posição do corpo e também do silêncio. Na missa celebramos a fé em Deus na vida da comunidade.

Anotações Pessoais

Data / /

O discípulo vive sua fé na sociedade

A fé deve repercutir na vida não só das pessoas, mas também do mundo em que vivemos, no local onde moramos. A fé precisa repercutir onde estudamos, trabalhamos e nos divertimos. Ela é uma virtude para ser vivida e testemunhada. Nossa missão é transformar a realidade. Nossa fé nos faz ajudar as pessoas e a sociedade deixar-se guiar pelo ensinamento divino. A fé exige compromisso com a transformação do mundo em que vivemos.

Shutterstock

1 Momento de acolhida e oração

- Iniciar com o sinal da cruz cantado.
- Conversar:
  - Quais são os fatos importantes que estamos vivendo em nossa sociedade?
  - Qual o resultado da pesquisa feita durante a semana?
- Cantar a música proposta por seu catequista.

2 Jesus Verdade! Ajuda-me a conhecer a Tua Palavra

- Leitura do texto bíblico: 1 Cor 13,1-13.
- Reler o texto.
- Para refletir e partilhar:
  - Destacar as qualidades do amor.

3 Jesus Caminho! Abre meu coração para acolher a Tua vontade

- Responder e partilhar as respostas com o grupo.
  - O que esta Palavra de Deus nos diz?

  _____
  _____
  _____

  - Que lição nos oferece?

  _____
  _____
  _____

  - Que convite nos faz?

  _____
  _____
  _____

  - Como viver a fé em nosso mundo?

  _____
  _____
  _____

  - Como fazer para que tenhamos mais dignidade e solidariedade?

  _____
  _____
  _____

4 Jesus Vida! Fortalece a minha vontade para viver a Tua Palavra

- O que esta Palavra me faz dizer a Deus? Cada um faça sua oração, preces de súplica, de louvor ou de perdão. Escreva-a.

_____
_____
_____
_____
_____

- Rezar juntos o Salmo 146 da Bíblia.

5 Compromisso

- Entrevistar pessoas nos seus ambientes de trabalho e questioná-los como vivem sua fé na ocupação profissional.
    - E o que fazem para tornar o mundo melhor?

_____
_____
_____
_____
_____
_____

6 Compreendendo a missa

> A missa só é possível para cada um dos participantes porque acreditamos que sair de casa e ir ao lugar do encontro dos irmãos na fé é motivo de celebrar. A missa começa em casa, quando a pessoa diz: "vou à missa". Desde casa deve-se pensar: O que vou agradecer a Deus hoje? O que vou entregar da minha vida?

Anotações Pessoais

Data   /   /

7º Encontro

Seguir Jesus é viver a solidariedade

Solidariedade é tantas vezes traduzida como sentimento de simpatia, ternura ou piedade pelos pobres, pelos desprotegidos, pelos que sofrem, pelos injustiçados, com o intuito de confortar, consolar e oferecer ajuda. Porém esconde o perigo do assistencialismo e do paternalismo. Ser solidário significa solidez, ou seja, estar solidamente vinculado a uma causa, a um princípio, à vida. É construir a solidez das organizações sociais, dos empreendimentos solidários, da promoção humana. Não existe outro caminho para seguir Jesus a não ser a construção de um mundo fraterno. Ser solidário é amar as pessoas, contribuindo para que todos tenham o apoio necessário para vencer as dificuldades da vida e prosseguir no caminho com dignidade, liberdade e responsabilidade.

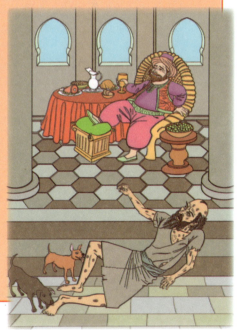

1 Momento de acolhida e oração

- Conversar sobre o compromisso assumido no encontro anterior.
- Iniciar com o sinal da cruz cantado. Depois, ler juntos a frase que se encontra no cenário do encontro.

- Conversar sobre as perguntas com o catequista e colegas.
  - O que nos comove? O que desperta em nós o desejo de ajudar?
  - O que entendemos por solidariedade?
  - Qual é o tempo da solidariedade?
  - Quais são os fatos importantes que estamos vivendo e podemos dizer que são solidariedade?
- Cantar a música proposta pelo catequista.

2 Jesus Verdade! Ajuda-me a conhecer a Tua Palavra

- Leitura do texto bíblico: Lc 16,19-31.
- Reler com atenção o texto.
- Para refletir e partilhar:
  - Que história o texto está contando? Destaque as pessoas, as ações que realiza, os verbos mais importantes.

  _____
  _____

  - Quais as categorias de pessoas presentes no texto?

  _____
  _____

- Registrar o que considera importante para sua vida, sobre o que refletiram e partilharam.

  _____
  _____
  _____
  _____
  _____

Para entender melhor: Com a festa de Cristo Rei, o Papa quis motivar os católicos para reconhecer em público que o líder da Igreja é Cristo Rei. Já no início do ministério de Jesus, ele foi visto como um forte candidato a ser rei, pois tinha uma liderança e uma forma de organizar as pessoas que causava inveja e ciúmes naqueles que estavam no poder. Jesus se tornou um líder que recuperou naquelas pessoas a vontade de viver. Muitos o acompanharam porque sonhavam com um cargo político quando Jesus tomasse o poder. Jesus é Rei porque serve as pessoas e doa a vida pela causa do Reino de Deus.

3 Jesus Caminho! Abre meu coração para acolher a Tua vontade

- Responder:
  - O que esta Palavra de Deus nos diz? Que lição nos oferece? Que convite nos faz?
  - Ler o texto partilhando com o catequista e colegas o que entendeu.

Final do ano litúrgico: O tempo pode ser medido pelo relógio e pelo calendário. Temos a impressão de que o tempo voa. Mas podemos também falar em tempo Kairós, o tempo de Deus. Na festa de Cristo Rei, encerramos o ano litúrgico e nos preparamos para um novo tempo em que Deus manifesta a sua presença. Tempo de fazer o bem, de praticar a caridade, de viver a solidariedade. Ser seguidor de Jesus é colocar em prática o que ele nos ensinou: amor ao próximo concretizado na caridade.

4 Jesus Vida! Fortalece a minha vontade para viver a Tua Palavra

- Rezar juntos o Salmo 92 (93).

- Ler e depois responder o que esta frase significa.

> "MELHOR QUE O PÃO É A SUA PARTILHA..." Acho um encanto, Senhor, que criaturas tuas, saídas diretamente de tuas mãos, os pássaros e o vento, carreguem de planta a planta, de árvore a árvore, sementes de amor. (Dom Hélder Câmara).

_____
_____
_____
_____

5 Compromisso

- Programar uma ação solidária (Visita ao asilo, campanha de material escolar, de alimentos, de conscientização na doação de sangue e órgãos.)

6 Compreendendo a missa

> Ao chegarmos à Igreja para celebrar, nos deparamos com muitos símbolos e realidades que nos falam do mistério cristão. Entramos pela porta. Essa liga dois mundos. No mundo que entramos, que é o lugar onde nos encontramos com Jesus, carregamos o nosso mundo com suas alegrias, preocupações, sonhos etc. Na celebração, entregamos tudo o que envolve a nossa vida para ser transformado pelo amor de Deus.

Anotações Pessoais

8º Encontro

Data / /

O discípulo de Jesus é vigilante

A palavra advento significa chegada ou vinda. Para o cristão, tem o sentido tanto do nascimento do Senhor quanto da preparação para esse evento. A atitude que melhor expressa este tempo é a vigilância, ou seja, ação de vigiar, de estar à espreita, de sentinela. Vivemos em um tempo sem convicções, estamos vulneráveis ao consumismo, que requer vigilância, atenção. Estar atento aos acontecimentos e saber perceber neles um convite de Deus para que a nossa vida seja organizada a partir da justiça e da caridade.

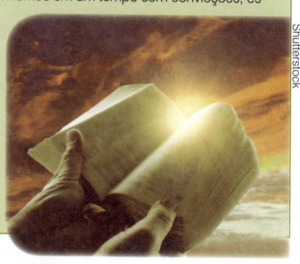

Shutterstock

1 Momento de acolhida e oração

- Sob a orientação do catequista:
  - Preparar a coroa do advento.
  - Conversar sobre o gesto solidário do compromisso do encontro anterior.
- Iniciar com o sinal da cruz.

- Conversar com o catequista e colegas:
  - Quais são os fatos importantes que estamos vivendo?
  - Como planejamos o nosso tempo? Para que temos tempo?
- Cantar a música proposta por seu catequista.
- Rezar juntos uma Ave-Maria.

2 Jesus Verdade! Ajuda-me a conhecer a Tua Palavra

- Leitura do texto bíblico: Lc 21, 29-36.
- Para refletir e partilhar:
  - Perceber os personagens que atuam.
  - Que imagens Jesus usa para falar da vigilância?
  - O que fala da figueira?

3 Jesus Caminho! Abre meu coração para acolher a Tua vontade

- Para conversar:
  - O que esta Palavra de Deus nos diz? Que lição nos oferece?
  - Que convite faz para nós, para a Igreja e para a sociedade?

_____
_____
_____
_____
_____
_____
_____

4 Jesus Vida! Fortalece a minha vontade para viver a Tua Palavra

- Com a orientação do catequista, acender a primeira vela do advento e cantar a música indicada por ele.
- Rezar juntos o Salmo 126 da Bíblia.

- O que a Palavra de Deus que refletimos hoje e este salmo me fazem dizer a Deus? Escrever.

_____
_____
_____
_____
_____

- Fazer preces de súplicas.

5 Compromisso

- Envolver os pais para participarem dos encontros de preparação ao Natal, feitos nos grupos de família. Participar das celebrações dos domingos do advento, pois elas nos ajudam a permanecer vigilantes e a produzir frutos.

6 Compreendendo a missa

> Ao entrar na Igreja, tudo fala do mistério cristão. A pia batismal, a cruz, o sacrário, as imagens, as velas, os vitrais, os bancos para a oração, o ambão onde se lê a Palavra de Deus, o altar, as flores, a cadeira do presidente. Tudo na Igreja fala de Deus. É preciso entrar em sintonia com tudo isso para vivenciar bem as celebrações.

Anotações Pessoais

Data   /   /

9º Encontro

O amor de Deus é tão grande que nos envia seu Filho Jesus

A missão de Jesus não é outra senão falar, ensinar, e testemunhar o plano do Pai. Deus nos dá, em Jesus Cristo, esta graça: conhecer, sentir e fazer a experiência do amor de Deus em nossa vida. Somos atribulados por todos os lados, mas temos uma boa notícia que nos alegra: o amor de Deus por nós é Jesus Cristo. É esse anúncio que devemos acolher e transmitir.

1 Momento de acolhida e oração

- Sob a orientação do catequista iniciar cantando o sinal da cruz e acender a segunda vela da coroa do advento.
- Conversar a partir das perguntas:
  - Quais são os fatos importantes que estamos vivendo?
  - O que consideramos alegria neste nosso tempo?
  - É uma alegria duradoura ou passageira?
- Partilhar o compromisso assumido no encontro anterior.
- Rezar juntos: um Pai-Nosso e três Ave-Marias.

2 Jesus Verdade! Ajuda-me a conhecer a Tua Palavra

- Leitura do texto bíblico: João 3,16-21.
- Para refletir e partilhar:
  - Reler o texto bíblico prestando atenção aos verbos e sublinhá-los em sua Bíblia.
  - Destacar a frase que o sentiu o tocar mais forte.

3 Jesus Caminho! Abre meu coração para acolher a Tua vontade

- Para conversar:
  - O que esta Palavra de Deus nos diz?
  - Que lição nos oferece?
  - Que convite nos faz?
  - Um cristão deve ser triste ou alegre?
  - Quando, na prática da nossa vida, preferimos a luz e quando as trevas?
- Desta conversa, o que gostaria de registrar que considera importante para sua vida de cristão?

4 Jesus Vida! Fortalece a minha vontade para viver a Tua Palavra

- Rezar juntos o texto bíblico: "Alegrai-vos no Senhor", Fl 4,4-7.

5 Compromisso

- Encontrar uma maneira criativa de convidar a comunidade para os momentos comunitários da celebração do Natal.
- Ler o texto bíblico Mt 2,1-12 e preparar uma encenação para o próximo encontro de catequese.

6 Compreendendo a missa

O nosso dia a dia é vivenciado no mistério da Eucaristia. Por isso, antes de iniciar a missa, em muitos lugares, se leem-se as intenções. Reza-se pela saúde, pelos mortos, em agradecimento por aniversários ou por alguma conquista. Essas intenções mostram que a missa é o momento de unir a nossa vida com a vida de Deus.

Anotações Pessoais

Data   /   /

10º Encontro

Jesus nasce no meio de nós

O Natal perdeu o sentido e transformou-se em ocasião de consumo e sentimentalismo melancólico com algumas boas intenções. O significado cristão do Natal é o nascimento de Jesus, nosso Salvador. Jesus não veio ao mundo somente para um grupo. Sua mensagem e seu projeto salvador se destinam a todas as pessoas. Os que seguem Jesus, seus discípulos, são enviados para anunciar a Boa Nova de Jesus que nasce no meio da humanidade.

1 Momento de acolhida e oração

- Iniciar com o sinal da cruz.
- Acender a terceira vela da coroa do advento.
- Cantar a música proposta por seu catequista.
- Partilhar com o catequista e os colegas:
  - Quais são os fatos importantes que estamos vivendo?
- Rezar juntos: Pai-Nosso.

2 Jesus Verdade! Ajuda-me a conhecer a Tua Palavra

- Leitura do texto: Mt 2,1-12.
- Sob a orientação do catequista, encenar o texto bíblico.

3 Jesus Caminho! Abre meu coração para acolher a Tua vontade

- Responder as perguntas e depois conversar com o grupo sobre as respostas, identificando as semelhanças e diferenças, o que cada um aprendeu ser importante para atender a vontade do Senhor.

  - O que esta Palavra de Deus nos diz?

  _____
  _____
  _____

  - Que lição nos oferece?

  _____
  _____
  _____

  - Que convite nos faz?

  _____
  _____
  _____

4 Jesus Vida! Fortalece a minha vontade para viver a Tua Palavra

- Rezar juntos o Salmo 96 (95) e no início e no final cantar: "*Resplandeceu a luz sobre nós, porque nasceu Cristo Salvador*".
- Escreva aqui sua oração agradecendo a Deus pelos encontros de catequese que tivemos até hoje.

_____
_____
_____
_____
_____

- Antecipando a festa do Natal, acender a quarta vela da coroa do advento e cantar juntos: *Noite Feliz*.

5 Compromisso

- Cada um construir um presépio, com criatividade e com elementos da natureza. Depois, organizar-se com o grupo para uma visita a cada casa para contemplarem os presépios.
- Convidar o grupo para participar, com seus pais, da celebração de encerramento dos encontros da novena do Natal e da celebração da noite de Natal na comunidade.

Lembrete

Reinício dos encontros de catequese na primeira semana da quaresma.

6 Compreendendo a missa

O animador da missa convida o povo para a oração. A motivação inicial quer ajudar as pessoas a sintonizar com o mistério que se vai celebrar. O fato central que sempre se recorda e vive na missa é o Mistério Pascal de Cristo. É a memória da vida, da morte e da ressurreição de Jesus. Também pode lembrar uma festa especial em honra a Nossa Senhora, a um santo ou uma festa solene. A partir disso, as pessoas entram em sintonia com aquilo que toda Igreja celebra.

Anotações Pessoais

O desejo de ver Jesus

Reencontrar-se é sempre uma alegria para quem busca viver como discípulo e discípula de Jesus. Após um tempo de descanso, de férias e de convivência com a família, estamos de volta para darmos continuidade à nossa caminhada de Iniciação à Vida Cristã. A Iniciação à Vida Cristã é o caminho para assumir ser discípulo de Jesus, conhecer o Evangelho e viver uma vida de fé e de solidariedade. É um caminho de conversão pessoal. Este é um desejo pessoal que precisamos reassumir todos os dias.

1 Momento de acolhida e oração

- Iniciar com o sinal da cruz, Em nome do Pai...
- Rezar juntos o Pai-Nosso.
- Partilhar com o grupo:
    - Como foram nossas férias?
    - O que fizemos? Aonde fomos? Há algum fato importante que gostaríamos de comunicar?

2 Jesus Verdade! Ajuda-me a conhecer a Tua Palavra

- Aclamar a Palavra de Deus cantando.
- Leitura do texto Bíblico: Lc 19,1-10.
- Reler o texto.
- Para refletir e partilhar:
  - Identificar os personagens:
  - As ações que cada um realiza.
  - Quem era Zaqueu?
  - O que mais chamou sua atenção neste Evangelho?

3 Jesus Caminho! Abre meu coração para acolher a Tua vontade

- Conversar com o catequista e colegas. Depois, registre o que é importante guardar para acolher a vontade de Deus em suas vidas.
  - Porque Zaqueu queria ver Jesus?
  - O que achamos da atitude de Jesus com Zaqueu?
  - O que esta história tem a ver conosco hoje? Quem são os Zaqueus de hoje?
  - Zaqueu quer ver Jesus. Qual é a conversão de Zaqueu a partir desse encontro?
  - Zaqueu subiu na árvore... É o primeiro passo da conversão...
  - Nós precisamos nos converter? O que queremos ver?

4 Jesus Vida! Fortalece a minha vontade para viver a Tua Palavra

- Dizer junto com seus colegas, em forma de mantra: *"Eis o tempo de conversão, eis o dia da salvação. Ao Pai voltemos, juntos andemos, eis o tempo de conversão"*.
- Faça um tempo de silêncio e pense:
  - O que esta Palavra me faz dizer a Deus? Qual a oração que brota do nosso coração?
  - Escreva sua oração e reze-a em voz alta para seus colegas.

- Rezar juntos o Sl 50, acolhendo o perdão e a misericórdia de Deus, nosso Pai. Ao final do salmo, repetir a frase que mais o tocou.

5 Compromisso

- A conversão de Zaqueu consistiu em devolver o que havia roubado: "Vou dar a metade dos meus bens aos pobres" (conversão) e "o que roubei vou devolver quatro vezes mais".

● O que vamos fazer nesta quaresma para nos converter? O que Jesus nos pede?

_____
_____
_____
_____
_____

6 Compreendendo a missa

O canto inicial é também chamado canto de entrada ou processional. O canto reúne o povo e acompanha a procissão de entrada, com o presidente da celebração e a equipe que exercerá os diversos ministérios e os símbolos que expressam o sentido da celebração (IG 25). A finalidade deste canto é abrir a celebração e promover a união da assembleia: criar clima de alegria e fraternidade. Tem, portanto, a função de introduzir a mente e o coração de todos no mistério do tempo litúrgico e da festa celebrada. Deve dispor a assembleia à escuta atenta da Palavra de Deus e à oração. Convoca a assembleia e une os corações no encontro com o ressuscitado.

Este canto deve criar o clima de festa e de comunhão fraterna no Senhor. É um canto de movimento processional e não de repouso. Por isso, deve ser alegre, dinâmico, cantado por toda a assembleia, sob pena de a frustrar finalidade. Seu conteúdo deve introduzir ao Evangelho (Palavra) do dia para expressar e refletir o mistério celebrado do Cristo pascal.

Anotações Pessoais

Data / /

12º Encontro — Campanha da Fraternidade

A cada ano, a Igreja no Brasil convoca os cristãos para refletirem sobre um assunto da nossa sociedade que faz as pessoas sofrerem. A Campanha da Fraternidade, iluminada pela Palavra de Deus, nos convida a ter atitudes novas em vista das novas relações entre as pessoas e a sociedade. É um convite à conversão e uma proposta para a solidariedade. Neste tempo, a Igreja, no Brasil, nos convida a refletir e a organizar ações concretas a partir de um desafio social que precisa de nossa participação e colaboração.

Neli Basso

1 Momento de acolhida e oração

- Iniciar com o sinal da cruz e cantar o Hino da Campanha da Fraternidade.
- Partilhar com o seu catequista e colegas:
    - Como estamos vivendo o nosso compromisso do encontro passado?
    - O que sabe sobre a Campanha da Fraternidade deste ano?

- Escrever o tema e o lema da Campanha da Fraternidade(CF).

2 Jesus Verdade! Ajuda-me a conhecer a Tua Palavra

- Leitura do texto bíblico: Ap 21,1-8.
- Para refletir e partilhar:
  - Reconstruir o texto com as próprias palavras.
  - Citar personagens, ações, lugar, acontecimentos.

3 Jesus Caminho! Abre meu coração para acolher a Tua vontade

- Para conversar com o seu catequistas e colegas:
  - Que situação de morte a Campanha da Fraternidade quer denunciar?
  - O que eu penso dessa situação?
  - Como está a dimensão da fraternidade em nossas famílias, na comunidade e na sociedade?

4 Jesus Vida! Fortalece a minha vontade para viver a Tua Palavra

- Com a orientação do catequista:
  - Tocar na cruz, que ambienta o encontro, e fazer um pedido expressando de que mal gostaria que Deus o libertasse.
  - Após cada pedido, todos dizem o lema da Campanha da Fraternidade.

5 Compromisso

- Deixar de tomar um refrigerante ou comer um doce e colocar o dinheiro no envelope da Campanha da Fraternidade (CF).

6 Compreendendo a missa

Para o tempo da quaresma, que se estende da quarta-feira de cinzas até a manhã da Quinta-feira Santa, é importante termos presente alguns símbolos e cuidados. A cor litúrgica da quaresma é o roxo. É aconselhável que o espaço da celebração litúrgica fique mais despojado e sem flores, sem muito barulho de instrumentos musicais, sem o canto do aleluia e do glória. As cinzas, a cruz e a água são símbolos fortes deste tempo litúrgico. Os símbolos nos educam para um tempo de reconciliação, penitência e oração. É um convite à conversão e à mudança de vida. O tempo de quaresma é preparação pessoal para reservar energia para a grande festa da ressurreição. Ajuda a viver concretamente a quaresma também alguns símbolos ligados ao tema da Campanha da Fraternidade.

Anotações Pessoais

Data / /

Jesus é a água viva

A quaresma é um tempo privilegiado e especial para a revisão de nosso modo de viver, pensar e agir. O tempo quaresmal tem duas características fortes: a batismal e a penitencial. É tempo de escutar a Palavra de Deus, oração e conversão. Ao assumir Jesus e o seu Evangelho, nos tornamos discípulos enviados para anunciar às pessoas o novo reinado do amor. Porque somos batizados, somos enviados.

1 Momento de acolhida e oração

- Você e seus colegas estão juntos mais uma vez para continuar a caminhada em preparação à Páscoa do Senhor Jesus. Que tal retomar o compromisso que foi assumido no encontro passado?
    - O que assumimos? O que conseguimos realizar? Como nos sentimos vivendo este compromisso?
- Neste encontro, vamos rezar e compreender que Jesus é a água viva que renova nossa vida e nos ajuda a tomar um rumo novo na vivência da fé.
- Fazer o sinal da cruz.

2 Jesus Verdade! Ajuda-me a conhecer a Tua Palavra

- Leitura do texto bíblico: Jo 4,1-30.
- Para refletir e partilhar:
  - Reler o texto.
  - Recontar o texto em mutirão com o grupo.
  - Descrever quais são os personagens que aparecem.
  - Relatar onde acontece o fato.
  - Destacar o que chamou sua atenção.

3 Jesus Caminho! Abre meu coração para acolher a Tua vontade

- Para responder e conversar:
  - Em quem e aonde os batizados buscam a "água viva" nos dias de hoje?

  _____
  _____
  _____

  - Quais são as sedes que você identifica em sua comunidade e em nosso grupo? Escreva uma lista.

  _____
  _____
  _____

  - Que água encontramos para viver com dignidade no caminho de Iniciação à Vida Cristã? Escreva uma lista.

- Ler juntos a letra do canto *Bendito o poço* (Pe. Loacir) que seu catequista irá apresentar. Depois, conversar:
    - O que ela nos diz?
    - Que apelos nos faz?
- Pedir e dar água é um gesto de acolhida, de solidariedade e de hospitalidade. Como podemos ter estes gestos em nossas famílias, em nosso grupo, com os amigos e na comunidade?

_____
_____
_____
_____
_____
_____

- Cada um escreva quatro ações, gestos ou atitudes que devolvem dignidade à pessoa humana e que faz viver em plenitude.

4 Jesus Vida! Fortalece a minha vontade para viver a Tua Palavra

- Junto com seus colegas, participar do momento de oração.

Senhor Jesus que disseste, "Eu sou a água viva. Quem beber da água que eu lhe der nunca mais terá sede". Nós te pedimos, Senhor, abençoa esta água. Fazei que seja sinal de vida, esperança e alegria. Por Cristo, nosso Senhor. Amém.

- Fazer preces espontâneas. Após cada prece, responder: *Senhor, dá-me de beber desta água pura que nos faz viver.*
- Rezar juntos o Pai-Nosso de mãos dadas.

5 Compromisso

- Retomar as atitudes e os gestos que escrevemos, como sinais de solidariedade e escolher um ou dois para viver nesta semana.

_____
_____
_____
_____
_____

6 Compreendendo a missa

Sinal da cruz: O padre inicia a missa com o sinal da cruz. Lembra a cruz de Cristo e a salvação que Ele trouxe por sua morte. A mão toca a cabeça e o coração. É a haste vertical da cruz. Une o céu (quando falamos Pai) com a terra (quando falamos Filho). Depois a mão vai de ombro a ombro, ao pronunciar o Espírito Santo. É a haste horizontal da cruz. É um gesto que abraça toda a humanidade. Indica TAMBÉM QUE REALIZAMOS ESTA AÇÃO LITÚRGICA EM NOME DA TRINDADE SANTA.

A nossa fé, o nosso amor e os nossos sentimentos são manifestados através dos gestos das palavras, do canto, da posição do corpo e também do silêncio. Tanto o canto como o gesto, ambos dão força à Palavra. A oração não diz respeito apenas à alma do homem, mas ao homem todo, que é também corpo. O corpo é a expressão viva da alma.

Sentado: É uma posição cômoda, uma atitude de ficar à vontade para ouvir e meditar, sem pressa.- **Em pé:** É uma posição de quem ouve com atenção e respeito. Indica a prontidão e disposição para obedecer. (Posição de orante)

De joelhos: Posição de adoração a Deus diante do Santíssimo Sacramento e durante a consagração do pão e vinho.

Genuflexão: É um gesto de adoração a Jesus na Eucaristia. Fazemos quando entramos na igreja e dela saímos, se ali existir o sacrário.

Inclinação: Inclinar-se diante do Santíssimo Sacramento é sinal de adoração.

Mãos levantadas: É atitude dos orantes. Significa súplica e entrega a Deus.

Mãos juntas: Significam recolhimento interior, busca de Deus, fé, súplica, confiança e entrega da vida.

Silêncio: O silêncio ajuda o aprofundamento nos mistérios da fé. Fazer silêncio também é necessário para interiorizar e meditar. Sem ele a missa seria como chuva forte e rápida que não penetra na terra.

Anotações Pessoais

14º Encontro

Quaresma: tempo de fazer escolhas

Data / /

Conhecer a proposta de Jesus, que é servir a Deus, conhecer a sua vontade, viver o amor e colocar-se a serviço do bem comum. É superar a tentação do prestígio, da dominação e da idolatria.

1 Momento de acolhida e oração

- Estamos reunidos em nome do Senhor. É em nome Dele que vamos realizar este encontro de irmãos e irmãs. Façamos o sinal da cruz.

- Partilhar os compromissos assumidos no encontro anterior:
  - O que conseguimos realizar? Como se sentiram?
  - Se não conseguiram, quais são os motivos?

- Neste encontro, vamos refletir sobre as consequências do rompimento com Deus e seu projeto pelo pecado do ser humano. A liberdade concedida por Deus a nós compreende a responsabilidade pela criação e pela sociedade. Nossas escolhas têm consequências para nós, nossas famílias, comunidades e sociedade.

- Para pensar:
  - Como saber se estamos realizando a vontade de Deus?
  - Quais são as escolhas que não favorecem vivermos conforme Deus quer?

2 Jesus Verdade! Ajuda-me a conhecer a Tua Palavra

- Leitura do texto bíblico: Dt 30, 15-20.
- Reler o texto em silêncio.
- Recontar o texto em mutirão.
- Para refletir e partilhar:
  - Destacar as opões que Deus coloca para seu povo.
  - Quais são as consequências do rompimento da aliança com Deus?

3 Jesus Caminho! Abre meu coração para acolher a Tua vontade

- Sob a orientação do catequista:
  - Escrever em pedaços de papel quais são as escolhas de morte que hoje fazem os cristãos se afastarem de Deus, da sua Palavra e da sua vontade. Depois, colocar no chão em forma de cruz.
- Para conversar:
  - Como podemos vencer as diferentes mortes que nos são apresentadas a cada dia da vida?
  - Qual é o projeto que escolhemos?
  - Para Jesus, a vida das pessoas e a liberdade e a justiça estavam em primeiro lugar. Quais são nossas escolhas?

4 Jesus Vida! Fortalece a minha vontade para viver a Tua Palavra

- Seguindo a orientação do catequista, participe do momento de oração e contemplação.

5 Compromisso

- Cada um ou como grupo, escolha um dos gestos indicados na sequência, para viver esta semana. Ajudar a família a fazer o mesmo.

  - Quem gosta de comer doces, diminui seu consumo; quem costuma gastar muito, faça o exercício de gastar menos e somente o necessário; quem gosta de ficar na televisão ou computador por muito tempo, diminuir e selecionar os programas que assiste.

  - Fazer o jejum das palavras, diminuir as fofocas, não falar mal dos outros, falar o bem dos outros; quem tem o hábito de jogar lixo no chão, na rua em qualquer lugar, criar o hábito de colocá-lo na lixeira.

Lembrete

Para o próximo encontro, prever a encenação do texto do Evangelho indicado. Cada um traz algo para partilhar e confraternizar ao final do encontro.

6 Compreendendo a missa

A saudação inicial: Depois do sinal da cruz, o padre, com as palavras do livro ou suas próprias palavras, deseja que o amor da Trindade esteja com toda a assembleia. Ela responde: "bendito seja Deus que nos reuniu no amor de Cristo". É um gesto de acolhida. Todos estão ali por causa da fé em Cristo Jesus. As pessoas entre si também devem se acolher, para que todos se sintam bem como irmãos.

Anotações Pessoais

15º Encontro

O discípulo faz a experiência da misericórdia do Pai

Deus nos ama com uma ternura sem limites. Reconhecendo nossas limitações e imperfeições, precisamos sempre retornar ao caminho do amor. A experiência do amor de Deus nos anima a querer bem às pessoas. Quaresma é tempo de retomar o caminho. É o tempo de voltar para o Pai que nos ama primeiro. Retornar aos braços do Pai é sentir o amor, a acolhida e a alegria. A festa do reencontro é sentir-se abraçado na misericórdia do Pai.

1 Momento de acolhida e oração

- Repetir em forma de mantra: *Onde reina o amor, fraterno amor, Deus aí está*.
- Cantar o sinal da cruz e rezar juntos:

Ó Pai, fonte de luz e de vida. Por teu filho Jesus Cristo, reconciliaste a humanidade dividida. Arranca de nós toda a sombra de tristeza e liberta-nos totalmente. Ajuda-nos caminhar cheios de alegria para as festas pascais que se aproximam. Por Cristo, nosso Senhor. Amém.

- Vamos retomar os compromissos que assumimos no encontro passado?
  - O que cada um assumiu? O que conseguiu realizar?
  - Como nos sentimos nesta experiência?

2 Jesus Verdade! Ajuda-me a conhecer a Tua Palavra

- Leitura do texto bíblico: Lc 15,11-32.
- Com a orientação do catequista, reler o texto de forma dialogada.
- Para refletir e partilhar:
  - Quais são os personagens e o que cada um faz?
  - Quais atitudes dos personagens chamam a nossa atenção?
  - Qual a frase que ficou mais forte em mim?

3 Jesus Caminho! Abre meu coração para acolher a Tua vontade

- Fazer um paralelo entre:

  a) a atitude do filho mais novo;

  b) a atitude do Pai;

  c) a atitude do filho mais velho.

- Agora responda:
  - Quais destas atitudes são importantes para a nossa vida e para viver bem com as pessoas?

- Conversar sobre a letra da música *O Viajante*, do Pe. Zezinho, que ajuda a retomar o texto bíblico, destacando:
  - Qual a expressão que mais o tocou? Por quê?
  - Que ensinamento nos oferece?

4 Jesus Vida! Fortalece a minha vontade para viver a Tua Palavra

- Fazer silêncio em seu coração para interiorizar a riqueza da Palavra e descobrir o que ela o faz dizer a Deus. Depois, escreva.

- Rezar juntos:

Pai querido! Que nos escolheste para sermos teus filhos e filhas, santos em tua presença e felizes em tua casa. Aceita o nosso pedido de perdão e reconcilia-nos contigo e com nossos irmãos, neste tempo em que nos preparamos para celebrar a Páscoa do teu filho Jesus. Faze que vivamos cheios de caridade e de alegria, a cada dia da nossa vida como teus discípulos e discípulas amados. Por Cristo, nosso Senhor. Amém.

5 Compromisso

- Diante da palavra de Deus, o que você pode assumir concretamente nesta semana?
    - Quem sabe, ir ao encontro de pessoas de quem se afastou, oferecendo acolhida e perdão?
    - Que gestos e que atitudes você pode ter em relação às pessoas?

6 | Compreendendo a missa

> **Ato penitencial:** É o momento de todos pedirmos perdão a Deus. Cada membro da assembleia tem suas fraquezas, limitações, misérias. Pedimos perdão por todos os pecados que cometemos e que fazem mal a nós, aos nossos irmãos, à natureza e não agradam a Deus. O arrependimento deve ser verdadeiro e sincero. Deus, por sua imensa misericórdia, nos perdoa e nos devolve a dignidade de filhos e filhas. O ato penitencial pode ser rezado ou cantado.

Anotações Pessoais

Data / /

16º Encontro

Bendito o que vem em nome do Senhor

Existem dois projetos no mundo. O projeto da força, da guerra, do domínio, da exclusão, que privilegia a alguns e deixa a maioria na pobreza. O projeto da humildade, do serviço fraterno, da solidariedade, que busca o bem comum. Podemos escolher: seguir Jesus ou deixá-lo de lado.

1 Momento de acolhida e oração

- Ler e conversar:
  - Estamos reunidos como irmãos. O encontro de hoje nos conduz para caminharmos com o Senhor da cruz até a ressurreição. Ajuda-nos a viver os momentos fortes da entrega de Jesus que doa a vida por amor. Hoje, saudamos com Hosana ao Filho de Davi, "aquele que vem em nome do Senhor".
- Recordar os compromissos assumidos no encontro passado e partilhar:
  - O que conseguiu viver e o que ainda vai continuar se comprometendo a viver?
- Fazer o sinal da cruz.

2 Jesus Verdade! Ajuda-me a conhecer a Tua Palavra

- Leitura do texto bíblico: Mt 21,1-11.
- Reler o texto, atendendo às indicações do catequista.
- Para refletir e partilhar:
  - Quem aparece no texto?
  - Para onde estão se dirigindo?

3 Jesus Caminho! Abre meu coração para acolher a Tua vontade

- Vamos confrontar esta Palavra de Deus com a nossa vida e com a realidade que nos cerca e perceber o que ela diz para nós. Para isso, pense:
  - O povo aclamava Jesus como rei. Qual é a imagem de rei do povo daquele tempo?
  - Qual é a imagem de rei que Jesus veio mostrar?
  - Quem é aclamado no mundo de hoje, na nossa igreja e em nossa comunidade?
- Complete:

A Palavra de Deus me diz...

_____
_____
_____
_____
_____
_____
_____

4 Jesus Vida! Fortalece a minha vontade para viver a Tua Palavra

- Fazer um momento de silêncio e oração pessoal diante da Palavra que refletimos.

- Qual oração dirigimos a Deus? Escrever.

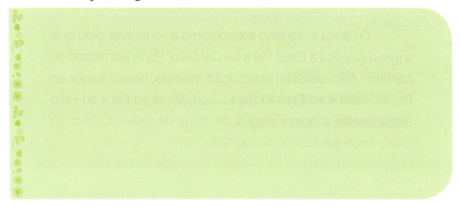

- Fazer preces espontâneas e após cada prece responder: *Bendito o que vem em nome do Senhor.*
- Rezar juntos:

Ó Deus, com ramos de oliveira, as crianças e os pobres aclamaram Jesus ao entrar na cidade santa. Nós te pedimos: abençoa nossa comunidade e o nosso grupo aqui reunido com ramos nas mãos. Ajuda-nos a ser um ramo verde capaz de produzir frutos do Reino de Deus. Faze que este seja o sinal da vitória da Páscoa do Cristo. Fortalece-nos para que neste mundo ameaçado pela violência, pelas guerras, pelas catástrofes, lutemos juntos para uma cultura da paz e de vida.
Todos: Amém

5 Compromisso

- Durante a Semana Santa, vamos assumir os passos de Jesus, participando das celebrações do tríduo pascal: Quinta-feira Santa – a Celebração da Ceia; na Sexta-feira Santa – a celebração da cruz e no sábado – a grande celebração da Vigília Pascal.
- Convidar a família para participar das celebrações na comunidade.

6 Compreendendo a missa

Glória: O Glória é um hino antiquíssimo e venerável, pelo qual a Igreja glorifica a Deus Pai e ao Cordeiro. Pode ser rezado ou cantado. Não constitui aclamação trinitária, isto é, louvor ao Pai, ao Filho e ao Espírito Santo. Louvamos ao Pai e ao Filho expressando a nossa alegria de filhos de Deus. O hino do Glória pode ser rezado ou cantado.

Anotações Pessoais

Data / /

17º Encontro

Vigília Pascal: Aleluia!

A escuridão do mundo e do coração humano, provocada pelo egoísmo e pelos projetos de morte, da mentira e do engano é vencida pela luz que é Cristo. Somos escolhidos para anunciar e testemunhar o Evangelho de Jesus Cristo vivo e ressuscitado.

1 Momento de acolhida e oração

- Na Vigília Pascal, fazemos memória das maravilhas de Deus na história, renovamos a nossa consagração ao Deus libertador, que pelo batismo nos chamou das trevas à luz, da escravidão à liberdade, da morte para a vida.

- Conversar sobre:
  - O que cada um já sabe, conhece e lembra da Vigília Pascal?
  - Como você costuma participar da Vigília Pascal?
  - O que ela significa em sua vida?

2 Jesus Verdade! Ajuda-me a conhecer a Tua Palavra

- Leitura do texto bíblico: Ex 14,15-31.
    - Reler o texto. Cada um lê um versículo.
- Para refletir e partilhar:
    - Destacar os personagens e o que cada um realiza.
    - Que imagens aparecem no texto?
    - Qual a expressão ou imagem que ficou marcada em nós?

3 Jesus Caminho! Abre meu coração para acolher a Tua vontade

- A música *Meu canto e minha força é o Senhor* é um hino de libertação. Com seu catequista e colegas, conversem sobre o que diz esse hino em relação à participação de Deus no caminho de libertação do povo.

> Celebrar a Páscoa é celebrar esta passagem de libertação em nossa vida, em nossa história, passando da morte para a vida, das trevas para a luz.

- Olhando para a vida, a realidade e a nossa história humana, o que deve ser mudado?
- Qual a libertação que deve acontecer em nós e ao redor de nós?
- Por que a Vigília Pascal é tão importante e tão significativa na vida da Igreja e nas celebrações litúrgicas?

Compreendendo melhor esta celebração

A celebração da Vigília Pascal se compõe de quatro partes:

1. A liturgia da luz compreende a bênção do fogo, a preparação do círio e a proclamação do louvor pascal.

2. A liturgia da Palavra propõe várias leituras do Primeiro Testamento. Estas recordam as maravilhas de Deus na história da salvação. As duas do Segundo Testamento são anúncio da ressurreição. Assim, a Igreja, "começando por Moisés e seguindo pelos Profetas" (Lc 24,27), interpreta o Mistério Pascal de Cristo.

3. A liturgia batismal é parte integrante da celebração. Faz-se a bênção da fonte batismal e a renovação das promessas do batismo. Ainda consta o canto da ladainha dos santos, a bênção da água, a aspersão de toda a assembleia com a água benta e a oração universal. No início da Igreja, esta era a noite em que eram batizados os catecúmenos.

4. A liturgia eucarística é o momento culminante da Vigília. Sacramento pleno da Páscoa, isto é, a memória do sacrifício da cruz, a presença de Cristo ressuscitado, o ápice da Iniciação cristã. Elementos mais expressivos desta noite: luz, água, Palavra, Eucaristia.

4 Jesus Vida! Fortalece a minha vontade para viver a Tua Palavra

- Seguindo a orientação do catequista, observe os símbolos: círio pascal, a água e a Bíblia presentes em seu encontro. Faça silêncio e escute o que eles falam.

- Rezar juntos:

Cristo ontem e hoje, princípio e fim, a Ele o tempo e a eternidade, a glória e o poder pelos séculos dos séculos. Amém. A luz de Cristo que ressuscitou resplandecente dissipe as trevas do nosso coração e da nossa mente.

- Cantar: Amém.

- Com seus colegas, orientados por seu catequista, conversem sobre a importância da água em nossa vida e para o Planeta Terra e depois participe da oração, cantando após cada invocação: *fontes de água viva bendigam ao Senhor.*

Bendito sejais, Deus, criador de todas as águas! Das águas primeiras firmaste o universo habitável. Povoaste as águas e a terra com tuas criaturas.

Todos: *Fontes de água viva, bendigam ao Senhor.*

Nas águas do mar vermelho afogaste os opressores do teu povo e o passaste a pé enxuto para a terra da liberdade, conforme a tua promessa.

Todos: *Fontes de água viva bendigam ao Senhor.*

Nas águas do Jordão, João Batista batizou Jesus, marcando com esse gesto o início da sua missão neste mundo. Nas águas do seu amor todos nós somos mergulhados e passamos da morte para a vida, da tristeza para a alegria, a escravidão para a liberdade.

Todos: *Fontes de água viva bendigam ao Senhor.*

Abençoa esta água com a força do teu Espírito, para que todas as pessoas que se banharem nela, participem profundamente da Páscoa do Cristo, teu filho e recebam a graça da imortalidade. Amém.

Mergulhar na água é afogar o mal e lavar os pecados. Ressurgir da água é começar uma vida nova em Cristo.

- Canto: *Banhados em Cristo*.

5 Compromisso

- O nosso compromisso a partir deste encontro pode ser:
    - Participar da celebração da Vigília Pascal na comunidade, junto com a família.
- Que atitudes novas podemos ter em relação às pessoas e ao meio ambiente para passarmos da morte para a vida, das trevas à luz?
- Para o próximo encontro, escolher dois catequizandos para serem responsáveis pela acolhida alegre e fraterna do grupo.

Anotações Pessoais

18º Encontro

Jesus Ressuscitado confirma os discípulos na fé

A Páscoa é um momento privilegiado de crescimento da fé e reafirmação dos nossos compromissos cristãos. É graça de Deus ser pessoa de fé e ter aderido a Jesus Cristo e ao seu Evangelho libertador.

1 Momento de acolhida e oração

- Iniciar fazendo o sinal da cruz e rezando: *O Senhor ressuscitou, aleluia!*
- Saudar os colegas, dizendo a cada um: *A graça e a paz do Senhor Jesus Ressuscitado esteja com você.*
- Rezar juntos:

Ó Deus, nosso Pai. Abriste para nós o caminho da vida com a vitória do teu filho Jesus sobre a morte. Por teu Espírito, faze de nós, que celebramos este dia de festa e alegria / a graça de sermos homens e mulheres novos, ressuscitados com Ele na luz da vida. Por Cristo, nosso Senhor. Amém

- Para conversar:
  - Como celebramos a Páscoa?
  - Como participamos da celebração da Vigília Pascal?
  - Quais gestos e ações conseguimos viver ao longo desta semana como sinais de ressurreição?

2 Jesus Verdade! Ajuda-me a conhecer a Tua Palavra

- Aclamar o Evangelho cantando: *Aleluia, aleluia, aleluia, aleluia.*
- Leitura do texto bíblico: Jo 20, 11-18.
- Para refletir e partilhar:
  - Ler individualmente o texto.
  - Narrar o texto com as palavras do grupo.
  - Citar quais são os personagens do texto.

3 Jesus Caminho! Abre meu coração para acolher a Tua vontade

- Para conversar:
  - O que este fato da ressurreição do Evangelho diz para nós?
  - Quais os sinais de vida e ressurreição que podemos identificar em nossa vida, em nossas comunidades e em nossas famílias?

4 Jesus Vida! Fortalece a minha vontade para viver a Tua Palavra

- Celebramos a vida e a ressurreição. Jesus confirma seus discípulos na fé. A partir do Evangelho que ouvimos e partilhamos, o que a esperança da ressurreição me faz dizer para Deus?

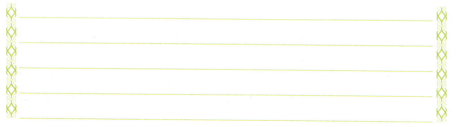

- Participe com seus colegas da renovação da fé, seguindo a orientação do seu catequista, em cada momento da oração.
    - Renovar e fortalecer a fé dizendo: Creio em Deus....
    - Após cada uma das afirmações, cantar: *Creio Senhor, mas aumentai a minha fé.*

        1. Eu creio em Deus Pai onipotente, criador da terra e do céu.

        2. Creio em Jesus nosso irmão, verdadeiramente homem Deus.

        3. Creio também no Espírito de amor, grande dom que a Igreja recebeu.

5 Compromisso

São sinais de vida e de ressurreição: cuidar do meio ambiente, não poluir a água, separar o lixo orgânico do seletivo, cuidar da saúde, comprar frutas e verduras ecológicas (sem veneno).

- Vamos escolher o que podemos fazer nesta semana para viver a ressurreição e a vida nova trazida por Cristo. A ressurreição começa pela fé que colocamos em prática.

6 Compreendendo a missa

Oração: Após o hino do Glória o padre convida o povo a rezar através da expressão: oração ou oremos. Segue-se uma pequena pausa em silêncio. Durante esse tempo de silêncio, cada um deve fazer sua oração a Deus, apresentando a Ele as alegrias, sentimentos, expectativas e sofrimentos. O padre eleva as mãos e profere a oração em nome de toda a Igreja. Nesse ato de levantar as mãos, o PRESIDENTE DA CELEBRAÇÃO (celebrante) está assumindo e elevando a Deus todas as intenções dos fiéis. Após a oração, todos respondem AMÉM, para dizer que aquela oração também é sua.

Anotações Pessoais

 / /

19º Encontro

O ressuscitado envia em missão

A fé no ressuscitado conduz à vida. A Palavra anunciada produz em nós a fé que nos conduz à vida com Cristo e a capacidade de anunciá-lo. A missão proclamada por Jesus não parou no tempo histórico. Ainda hoje, homens e mulheres são chamados para dar continuidade ao trabalho iniciado pelos doze apóstolos que acreditaram na ressurreição e com a força do ressuscitado potencializam o anúncio. Somos enviados a anunciar esta novidade que vem de Deus, como missionários do ressuscitado.

1 Momento de acolhida e oração

- Enquanto se acende a vela, cantar: *O ressuscitado vive entre nós, Amém!*
- Fazer o sinal da cruz.
- Partilhar como viveu a semana, os fatos e os acontecimentos da família ou da comunidade. Lembrar alguma notícia importante que você viu na semana, anunciada nos jornais.

- Para conversar:
  - Como vivemos os compromissos assumidos no encontro passado?
  - O que conseguimos realizar?
  - Como nos sentimos?
  - O que não conseguimos? Por quê?

Neste encontro, a reflexão ajudará a compreender melhor que a missão de Jesus deve continuar no mundo inteiro através de nós, os discípulos e discípulas do ressuscitado. Ele nos envia a anunciá-lo e a testemunhá-lo pelo mundo afora. Jesus disse: "Ide anunciar a boa nova a todos os povos".

2 Jesus Verdade! Ajuda-me a conhecer a Tua Palavra

- Leitura do texto bíblico: Mc 16,9-16.
- Para refletir e partilhar:
  - Reler o texto individualmente.
  - Responder:
    - A quem Jesus apareceu?
    - O que disse a cada um?
    - O que chamou atenção neste texto bíblico?

3 **Jesus Caminho! Abre meu coração para acolher a Tua vontade**

- Para conversar:
    - É fácil anunciar Jesus ressuscitado? Por quê?
    - O que a Palavra de Deus ensina?
    - A quem Jesus envia hoje?
- Atender à solicitação do catequista para formar dois grupos:
    - O grupo 1 – escreve uma relação de lugares e pessoas onde devemos anunciar Jesus.

_____
_____
_____
_____

- O grupo 2 – pensa e escreve: Como anunciar Jesus no tempo de hoje?

_____
_____
_____
_____

4 **Jesus Vida! Fortalece a minha vontade para viver a Tua Palavra**

- Preparar-se com um momento de silêncio meditando sobre o que viu e ouviu no encontro. Depois faça sua oração, conforme a Palavra de Deus sugere. Escreva a oração.

_____
_____
_____
_____
_____
_____

- Rezar juntos o salmo 16: *Guarda-me, Deus, pois eu me abrigo em ti.*
- Rezar, de mãos dadas, a oração do Senhor, Pai-Nosso, pelos missionários.

5 Compromisso

A missão de anunciar Jesus exige desacomodação. É sair de nós mesmos para ir ao encontro dos outros. É um serviço gratuito e carregado de esperança.

- O que vamos fazer nesta semana para anunciar Jesus ressuscitado: Dar mais atenção às pessoas necessitadas? Ir ao encontro de alguém que está afastado do grupo ou da comunidade?
- Temos colegas que não estão participando dos encontros de catequese, da vida da comunidade? O que podemos realizar em grupo e individualmente para que eles possam retomar o caminho?

6 Compreendendo a missa

A liturgia da Palavra: A proclamação da Palavra é feita no ambão, que é a mesa da Palavra, O LUGAR DA PALAVRA. Através da leitura da Bíblia, Deus fala à comunidade reunida como Povo de Deus. A comunidade senta-se para escutar atentamente o que Deus tem a lhe dizer. A liturgia da Palavra inicia com a primeira leitura e finaliza com as preces da comunidade.

Anotações Pessoais

Data / /

O Domingo: Páscoa semanal dos cristãos

O Domingo, primeiro dia da semana, é o dia do Senhor. É o dia da festa principal dos cristãos, memória de Cristo ressuscitado. É o dia da criação renovada e, por isso, dia do repouso e da convivência. O Domingo é o dia em que a família de Deus se reúne para "escutar a Palavra e repartir o Pão consagrado, recorda a Ressurreição do Senhor, na esperança de ver o dia sem ocaso, quando a humanidade inteira repousará junto de vós (o Pai)" (TC prefácio IX). O Domingo é o dia de acolher a vida nova para caminhar e seguir Jesus Cristo ressuscitado.

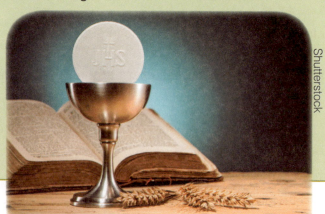

1 Momento de acolhida e oração

- Em silêncio, traçar o sinal da cruz e depois dizer junto com o grupo o mantra: *O sol nasceu, é novo dia, bendito seja Deus, quanta alegria!*

Catequista: A graça e a paz de Deus, nosso Pai, de Jesus Cristo, nosso irmão e do Espírito Santo esteja em cada um de vocês.

Todos: Bendito seja Deus que nos reuniu no amor de Cristo.

- Para conversar:
  - O que sabemos sobre o domingo?
  - O que fazemos no domingo?
  - Qual nossa maior preocupação no domingo?

2 Jesus Verdade! Ajuda-me a conhecer a Tua Palavra

- Leitura do texto bíblico: Ef 1, 15-23.
- Para refletir e partilhar:
  - Ler individualmente o texto proclamado.
  - Responder:
    - Do que fala o texto que acabamos de ouvir e ler?

- Repetir frases para guardar bem o que foi lido.

3 Jesus Caminho! Abre meu coração para acolher a Tua vontade

- Para conversar:
  - O que conseguimos entender disto que lemos e conversamos sobre o domingo?
  - Como vivemos o domingo em nossa família?
  - Como é vivido em nossas comunidades?
  - Como a sociedade vê e vive o domingo?
  - As celebrações litúrgicas ajudam a vivenciar o sentido cristão do domingo?

- Conforme orientação do seu catequista, escreva na tira de papel, que recebeu no início do encontro, uma palavra que expresse o que é o domingo. Depois, você e seus colegas, colocarão ao redor da palavra "Domingo", que seu catequista preparou, para formar raios ao redor da palavra..

4 Jesus Vida! Fortalece a minha vontade para viver a Tua Palavra

- Para agradecer ao Senhor pela sua ressurreição e porque Ele está no meio de nós, siga a orientação do catequista. Depois, Pelo Domingo, o dia consagrado ao Senhor, cantar a ação de graças com o salmo 147.

- Concluir este momento rezando juntos:

Ó Deus, força da vida! Tu nos dá a alegria de nos reunirmos em comunidade para celebrar o dia do Senhor, para celebrar a presença do ressuscitado. Sopra, sobre nós, o dom do teu Espírito Santo e ajuda-nos a valorizar e a viver com mais seriedade o dia da ressurreição do Senhor. Assim amaremos mais a Deus e aos nossos irmãos. Por Cristo Jesus. Amém.

5 Compromisso

- Fazer uma pesquisa com diferentes pessoas que encontramos ao longo da semana, com estas ou outras perguntas:

    - O que é o domingo para você?

    _____
    _____
    _____
    _____

    - O que você faz aos domingos?

    _____
    _____
    _____
    _____

- Para você, o domingo é um dia diferente dos outros dias? Por quê?

_____
_____
_____
_____

- Além de fazer a pesquisa, o compromisso do grupo e de cada um deverá ser de viver melhor o Domingo como dia do Senhor e participar das celebrações na comunidade.

6 Compreendendo a missa

> **Primeira leitura:** geralmente é tirada do Primeiro Testamento, onde se encontra o passado da história da salvação. Deus foi se revelando desde muito tempo ao povo de Israel, como um Deus que acompanha os passos do seu povo e renova constantemente a Palavra fiel da aliança.

Anotações Pessoais

_____
_____
_____
_____
_____
_____
_____
_____
_____
_____
_____
_____
_____

Os discípulos continuam a missão de Jesus

Para ser verdadeiro discípulo e missionário de Jesus é preciso ter grande amor pelo ressuscitado. A ressurreição dá novo sentido à nossa vida de cristãos e nos impulsiona para ser missionário.

1 Momento de acolhida e oração

- Com a orientação do catequista, recordar fatos, pessoas, acontecimentos, notícias. Trazer presente a vida que nos cerca.
- Rezar uma Ave-Maria um Pai-Nosso e depois cantar: *Eu creio na semente* (Pe. Osmar Coppi).
- Para pensar e trocar ideias:
  - Quem ensinou o sentido da palavra amor?

2 Jesus Verdade! Ajuda-me a conhecer a Tua Palavra

- Leitura do texto bíblico: Jo 21,15-19.
- Para refletir e partilhar:
  - Recontar o texto.

- O que mais chamou sua atenção?
- Como Pedro se sentiu?
- O que Jesus pede a Pedro?

3 Jesus Caminho! Abre meu coração para acolher a Tua vontade

- Escrever no coração de papel que receber de seu catequista, apenas de um lado, o que você entende quando fala ou ouve a palavra amor. Partilhar com o grupo.
- Agora, vamos confrontar o que você e seus colegas escreveram com o que Jesus ensinou sobre o amor.
    - Cada um escreve no outro lado do coração o que aprendeu sobre o amor a partir deste encontro.

4 Jesus Vida! Fortalece a minha vontade para viver a Tua Palavra

- Fazer uma prece a Deus e rezá-la em voz alta mostrando o coração de papel ao grupo. Após cada prece, responder: Dai-nos um coração capaz de amar.

5 Compromisso

- Durante a semana, entrevistar três pessoas e perguntar:
    - O que é o amor?
    - Quais são as exigências do amor?
    - Citar alguma experiência da vivência do amor.

6 Compreendendo a missa

Salmo: é uma resposta, em forma de oração, para ajudar a assembleia a rezar e a meditar a Palavra que acaba de ouvir. É recomendável que seja cantado. Quando não é possível um salmista cantar, pelo menos o refrão seja cantado pela assembleia e o salmista proclama o salmo.

Anotações Pessoais

29º Encontro

Data: / /

A comunidade dos discípulos celebra a vida

Somos comunidade de fé, seguidores de Jesus Cristo e animados pelo Espírito Santo. Ser discípulo de Cristo ressuscitado é viver em fraternidade, celebrar a fé e rezar em comunidade, escutar a Palavra e concretizá-la na vida diária.

1 Momento de acolhida e oração

- Na alegria de estar reunido com seu grupo de catequese em nome de Deus, iniciar o encontro com o sinal da cruz.
- Vamos recordar alguma coisa boa que aconteceu na semana que passou.
- Rezar um Pai-Nosso.
- Para conversar:
  - Como foi a entrevista que realizaram? O que as pessoas entendem por amor?

2 Jesus Verdade! Ajuda-me a conhecer a Tua Palavra

- Leitura do texto bíblico: At 4, 32-37.

- Para refletir e partilhar:
    - Reler o texto.
    - Destacar as características da comunidade cristã.

3 Jesus Caminho! Abre meu coração para acolher a Tua vontade

- Para conversar:
    - Como é a nossa comunidade?
    - O que ela tem de bom?
    - O que precisa melhorar?

> As primeiras comunidades cristãs se caracterizavam como:
> 1. Perseverantes no ensinamento dos apóstolos (catequese).
> 2. A comunhão fraterna (partilhar).
> 3. A fração do pão (Eucaristia).
> 4. As orações (súplicas, louvor).

- Quais dessas características estão mais fortes em nossa comunidade? Quais devem ser fortalecidas?

_____
_____
_____
_____
_____

4 Jesus Vida! Fortalece a minha vontade para viver a Tua Palavra

- Fazer silêncio e, diante da imagem do rosto de Jesus, reze por você e por sua comunidade.
- Com a orientação do catequista, escrever em tiras de papel os serviços que existem na comunidade. Após cada serviço escrito e colocado junto da imagem do rosto de Jesus, todos dizem juntos: *Obrigado, Senhor, pelo serviço...*

- Rezar juntos:

> Ó Deus, fonte de vida e de bênção, Tu alimentas o teu povo e ensinas a partilhar. Nós te pedimos, ensina-nos a lição da partilha e que não falte o alimento na mesa de ninguém. Amém.

5 Compromisso

- Conversar com os pais: Quais serviços existem na comunidade? Em quais eles atuam ou podem atuar?
- Explicar aos pais as quatro características principais das primeiras comunidades cristãs.

6 Compreendendo a missa

> Segunda leitura: tirada do Segundo Testamento, são sempre trechos das cartas e pregações feitas pelos apóstolos Paulo, Tiago, João e Pedro às diversas comunidades do início do cristianismo. Na proclamação, na missa, se dirigem aos cristãos de hoje.

Anotações Pessoais

Data / /

23º Encontro — Batizados em nome da Trindade

A Santíssima Trindade é a melhor comunidade. Nela se encontra a melhor unidade na diversidade. Não há outro amor que possa superar o amor de Deus. No amor divino encontramos o sentido do amor pessoal, do serviço fraterno e do compromisso social. Jesus envia seus discípulos com a missão de batizar em nome do Pai, e do Filho e do Espiríto Santo e fazer com que todos os povos se tornem seus discípulos.

1 Momento de acolhida e oração

- Atender à solicitação do catequista ,rezando em forma de mantra: Não fostes vós que me escolhestes, mas eu que vos escolhi.
- Vamos traçar o sinal da cruz na fronte do nosso colega, revivendo o nosso batismo.
- Cada catequizando diz o nome dos padrinhos de batismo.
- Rezar juntos um Pai-Nosso e uma Ave-Maria.
- Para conversar:
  - Como foi a conversa com os pais sobre os serviços da comunidade?

O encontro de hoje trata sobre o mandato de Jesus, a missão que confia aos apóstolos de tornar os povos seus discípulos, batizando-os e ensinando-os a observar o que Ele os ordenou. Para isso, lhes prometeu estar presente até o fim dos dias. Esta é a missão de todos os batizados: seguir Jesus, ouvir sua palavra, colocá-la em prática, multiplicando seus ensinamentos.

2 Jesus Verdade! Ajuda-me a conhecer a Tua Palavra

- A Palavra de Deus deve orientar a vida do discípulo.
- Acolher a Palavra cantando: *Tua Palavra é.*
- Leitura do texto bíblico: Mt 28,16-20.
- Para refletir e partilhar:
  - Reler o texto individualmente.
  - Que personagens aparecem no texto?
  - O que fazem?
  - Como vive um discípulo de Jesus?

3 Jesus Caminho! Abre meu coração para acolher a Tua vontade

- Como as pessoas vivem o seu batismo?
- Escrever uma carta contando como você vive o seu batismo. Depois entregar para o colega que estiver a sua direita.

4 Jesus Vida! Fortalece a minha vontade para viver a Tua Palavra

- Jesus nos convida a viver os seus ensinamentos. Ele é o Caminho, a Verdade e a Vida. Como discípulos de Jesus, renove a sua fé rezando o Creio, com seus colegas.
- Batizados em nome da Trindade, somos chamados a viver do jeito da Trindade, na vida pessoal, na comunidade, na família. Somos uma única família, pois pertencemos à família cristã. De mãos dadas com seus colegas, rezar com confiança e amor a oração que expressa a unidade de todos os cristãos: Pai-Nosso.

5 Compromisso

- Ler a carta do colega durante a semana. Ver como ele vive o seu batismo. Responder a carta dando sua opinião sobre ela. Sugerir como e o que ele poderia fazer para melhorar a vivência como discípulo de Jesus Cristo.

- Participar da celebração do batismo na comunidade, conforme indicação do catequista.

6 Compreendendo a missa

> **Aclamação ao Evangelho:** terminada a segunda leitura, vem a monição ao Evangelho, que é um breve comentário convidando e motivando a assembleia a ouvir o Evangelho. O Canto de Aclamação é uma espécie de aplauso para o Senhor que vai nos falar. Toda assembleia coloca-se de pé para estar em prontidão ao Senhor que fala. Fora do tempo quaresmal, é aconselhável cantar o Aleluia.

– Anotações Pessoais –

Data ___/___/___

24º Encontro

O batismo nos compromete com o outro

O batismo nos faz irmãos universais. Ninguém é mais irmão dos outros do que o cristão que vive seu batismo. O batismo nos insere na relação de compaixão e responsabilidade "com" e "para" os outros. Pelo batismo nos tornamos seguidores de Jesus Cristo. Iniciamos o caminho da Vida Cristã. Seguir Jesus no caminho e ser discípulo dele nem sempre é fácil. O verdadeiro amor exige escolhas, renúncias e opções que nem sempre conseguimos fazê-las.

1 Momento de acolhida e oração

- Partilhar como foi a celebração do batismo na comunidade.
- Iniciar com o sinal da cruz e rezar espontaneamente por todos os batizados e para os necessitados citando algumas pessoas que conhecem.

2 Jesus Verdade! Ajuda-me a conhecer a Tua Palavra

- Leitura do texto bíblico: Lc 10,25-37.

- Para refletir e partilhar:
  - Reler o texto sublinhando na Bíblia os personagens.
  - Segundo o texto, o que está escrito na lei?
  - Quais são as atitudes narradas no texto?
  - Qual a proposta de Jesus ao jurista?

3 Jesus Caminho! Abre meu coração para acolher a Tua vontade

- Para responder:
  - O que esta Palavra nos ensina?
  - Conhecemos pessoas que agem como o bom samaritano?
  - Temos as atitudes do levita e do sacerdote em nossa vida e na comunidade?
  - Como vivo os mandamentos?

- Como batizado, vivo a minha relação de compaixão com "o meu próximo"?

4 Jesus Vida! Fortalece a minha vontade para viver a Tua Palavra

- Seguindo a orientação de seu catequista, faça uma oração espontânea. Esta oração pode ser de perdão, de súplica, de agradecimento.

5 Compromisso

- No encontro de hoje, vimos a importância de estar atento às necessidades dos irmãos. Qual é o compromisso que vamos assumir até o próximo encontro?
- Quem precisa de nossa ajuda? Do nosso cuidado? Da nossa acolhida?
- Que atitudes podemos assumir para nos tornarmos "próximos dos outros"?

_____
_____
_____
_____
_____

6 Compreendendo a missa

O Evangelho de Jesus: São quatro os evangelistas: Mateus, Marcos, Lucas e João. O Evangelho é escolhido pela Igreja, numa sequência coerente para que possamos progredir na compreensão da vontade de Deus. Toda a assembleia está de pé. A Palavra de Deus, solenemente anunciada, não pode estar "dividida" com nada: com nenhum barulho, com nenhuma distração, com nenhuma preocupação. É como se Jesus, em pessoa, se colocasse diante de nós para nos falar. É a Boa Notícia de Jesus, Boa Nova, Boa mensagem de salvação. Nós a acolhemos com alegria na missa e somos convidados a anunciá-la aos outros na missão, isto é, quando saímos da missa.

Anotações Pessoais

Data / /

25º Encontro

Jesus ensina o caminho da felicidade

A proposta de Jesus nos mostra que o caminho da felicidade passa pelo amor fraterno e pelo compromisso de transformação das relações interpessoais. Quem ama de verdade, encontra a felicidade.

1 Momento de acolhida e oração

- Conversar sobre a semana que passou: Como viveu o compromisso que assumiu no último encontro?

- Agradecer a Deus pela semana que passou e pedir luzes para o encontro de hoje, rezando a invocação ao Espírito Santo que está nas *Orações do cristão*.

- Continuando a nossa caminhada como discípulos de Jesus, neste encontro vamos refletir sobre a felicidade. Para iniciar a reflexão, siga as orientações de seu catequista para responder completando a frase:

Para mim felicidade é

2 Jesus Verdade! Ajuda-me a conhecer a Tua Palavra

- A Palavra de Deus nos ajuda a entender o que é a verdadeira felicidade.
- Canto de aclamação: *A vossa Palavra Senhor.*
- Leitura do texto bíblico: Mt 5,1-12.
- Para refletir e partilhar:
    - Releitura do texto.
    - Quem são os felizes, segundo o Evangelho?
    - Por que são felizes?

3 Jesus Caminho! Abre meu coração para acolher a Tua vontade

- Para conversar e anotar o que é preciso fazer para acolher a vontade do Senhor em sua vida:
    - O que há de semelhante sobre o que é felicidade e o que a Palavra de Deus nos propõe?
    - O que tem de diferente?
    - Como ser feliz no mundo e na realidade de hoje?
    - O que o mundo nos oferece como felicidade, é de fato, a felicidade?

4 Jesus Vida! Fortalece a minha vontade para viver a Tua Palavra

- Deus nos dá muitas coisas gratuitamente para sermos felizes. Com o coração agradecido e iluminado pelo amor de Deus, faça seu agradecimento.

- Rezar juntos:

> *Ó Deus da alegria e da felicidade plena, és luz, esperança e força. Dá-nos a alegria da tua presença materna para prosseguirmos no caminho da felicidade, fiéis ao Evangelho. Ajuda-nos a superar a vã felicidade que o mundo propõe. Nós vos pedimos por teu filho Jesus, na unidade com o Espírito Santo.*
>
> *Deus da vida e da felicidade, dá-nos a graça de vivermos em fraterna comunhão e a serviço do teu Reino. Derrama sobre nós tua bênção. Amém.*

5 Compromisso

- Com a orientação do catequista, escolher um compromisso para a semana à luz do que aprenderam no encontro.

_____
_____
_____
_____
_____

6 Compreendendo a missa

> **Homilia:** é uma conversa familiar que o presidente da celebração faz com a assembleia, ajudando-a a compreender a Palavra de Deus. A Bíblia não é um livro de sabedoria humana, mas de inspiração divina. Jesus tinha encerrado sua missão na terra. Havia ensinado o povo e particularmente os discípulos. Tinha morrido e ressuscitado dos mortos. Missão cumprida! Mas sua obra da salvação não podia parar, devia continuar até o fim do mundo. Por isso, Jesus passou aos apóstolos o seu poder recebido do Pai e lhes deu ordem para que pregassem o Evangelho a todos os povos. O sacerdote é esse "homem de Deus". Na homilia ele "atualiza" o que foi dito há dois mil anos e nos diz o que Deus está querendo nos dizer hoje.

Anotações Pessoais

Data / /

A força do testemunho

Pela palavra e pelo modo de viver podemos iluminar o mundo ou deixá-lo na escuridão. O testemunho depende da fidelidade à missão que Deus nos confiou.

1 Momento de acolhida e oração

- Que o Senhor nos ajude e ilumine neste encontro. Sentindo a alegria de nos reencontrar como grupo, rezar uma Ave-Maria e um Glória ao Pai.
- Juntos, repetir em forma de mantra: *Ó luz do senhor que vem sobre a terra, inunda meu ser, permanece em nós.*
- Para conversar:
    - Como realizaram o compromisso assumido?
    - Quais foram os sentimentos vividos na realização do compromisso?
    - Fazer uma oração em silêncio.

Neste encontro, vamos compreender como deve ser a vida do cristão. Jesus faz muitas comparações para explicar o sentido da Palavra de Deus. Vamos ver que Jesus compara o cristão com o "sal da terra" e a "luz do mundo".

- Que utilidade tem o sal? E o que significa a luz?

_____
_____
_____
_____

2 Jesus Verdade! Ajuda-me a conhecer a Tua Palavra

- Acolher a Palavra cantando ou rezando: *Tua palavra é lâmpada para meus pés, Senhor! Lâmpada para meus pés, Senhor, luz para o meu caminho.*
- Leitura do texto bíblico: Mt 5,13-16.
- Para refletir e partilhar:
  - Reler o texto individualmente com atenção.
  - O que chamou mais atenção do Evangelho que ouvimos? Por quê?
  - O que significam as afirmações: "Vocês são o sal da terra" e "Vocês são a luz do mundo"?

3 Jesus Caminho! Abre meu coração para acolher a Tua vontade

- Para pensar:
  - O que esta Palavra nos diz?
  - O que significa para nós cristãos sermos "sal" e "luz" para o mundo?
- Escrever três nomes de pessoas que mais admira. Depois, partilhar com os colegas os nomes e dizer porque admira estas pessoas.

_____
_____
_____

- Escrever três qualidades que mais admira de si mesmo e dizer o porquê. Partilhar com o grupo o que escreveu.

_____
_____
_____
_____

4 Jesus Vida! Fortalece a minha vontade para viver a Tua Palavra

- Jesus tem um grande amor por nós. Ele nos conhece, sabe de nossos erros e fraquezas. Assim mesmo, confia em nós e nos convida a sermos testemunhas do Evangelho.

- Cada um de nós é chamado a ser testemunha de Jesus como luz no mundo. Escrever:

    - Como vou testemunhar Jesus Cristo nesta semana?

    _____
    _____
    _____

    - Escrever uma atitude pessoal e outra com a família.

    _____
    _____
    _____

- Cantar ou rezar o *Pai Nosso Dos Mártires* (Zé Vicente).

5 Compromisso

- Muitas pessoas são testemunhas de Jesus. Escolheram ser sal e luz no mundo. Por isso sofreram a perseguição, o martírio e deram a vida pela fé em Jesus Cristo e pela causa do Reino de Deus.

- Durante a semana, pesquisar quem foi D. Oscar Romero, Ir. Dorothi, D. Luciano Mendes de Almeida, Santo Dias, Chico Mendes e outros. Escolher um deles para fazer uma pequena síntese para o grupo.

___

6 Compreendendo a missa

Profissão de fé: É a oração do Creio. O Creio é a síntese de toda a fé. É a resposta do povo que celebra a proposta de Deus. Nele estão expressas as verdades fundamentais da doutrina católica. Em todas as missas dominicais expressamos juntos, através dessa oração, a mesma fé, as mesmas verdades e somos convidados a progredir na compreensão dessas verdades e vivê-las com mais amor, testemunho e esperança.

Anotações Pessoais

Data / /

Este é o meu Filho amado!

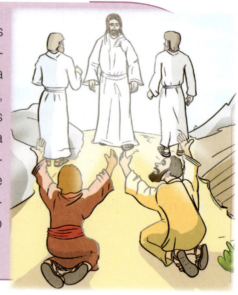

Acolher a Palavra de Jesus no coração e saborear os ensinamentos na confiança e na sua permanente companhia, nos torna fortes na fé, firmes na esperança e incansáveis na caridade. Escutar Jesus Cristo transforma a nossa vida e transfigura as relações humanas e sociais. Jesus é o Filho amado.

1 Momento de acolhida e oração

- Estamos reunidos em nome Deus. Ele que nos convida a seguir os passos de seu filho Jesus. Com fé, fazer o sinal da cruz.
- Colocar-se em silêncio na presença de Deus e sentir o coração, a respiração, ouvir os barulhos e sons que estão ao redor. Fazer o exercício de escutar.
- Dizer juntos: *Senhor, queremos entender melhor a tua Palavra e viver os teus ensinamentos.*
- Rezar a oração que Jesus nos ensinou: Pai-Nosso.

2 Jesus Verdade! Ajuda-me a conhecer a Tua Palavra

- Leitura do texto bíblico: 2 Pd 1,14-18.
- Para refletir e partilhar:
  - Reler o texto.
  - O autor faz um chamado de atenção. Qual é?
  - Destacar na Bíblia os fatos que os apóstolos foram testemunhas.

3 Jesus Caminho! Abre meu coração para acolher a Tua vontade

- Conversar:
  - Pedro, ao escrever a segunda carta, fala de sua experiência com Jesus e quer que seus seguidores perseverem e acreditem no Espírito Santo que move todas as coisas.
  - O que esta Palavra diz para nós?
- Com a orientação do catequista, fazer juntos uma lista de situações, realidades, fatos que precisam ser transformados para tornar a vida, o mundo e as pessoas conforme o jeito de Jesus.

4 Jesus Vida! Fortalece a minha vontade para viver a Tua Palavra

- Conversar:
  - Jesus é o Filho muito amado. Nós também somos filhos amados de Deus. Como expressamos este amor?

- Atender ao encaminhamento do catequista para olhar para a cruz preparada e fazer a sua oração.

◉ Para responder:

- O que representa o pano branco na cruz?
- Rezar o Pai-Nosso pelas realidades que precisam ser transformadas em nosso mundo, como a fome, o desemprego e a destruição do planeta.

5 Compromisso

◉ Ajudar alguém que está sofrendo. Pode ser um doente, uma pessoa idosa, buscando com sua presença mudar sua situação.

◉ Escolher uma situação familiar ou da comunidade, que deve ser mudada para estar de acordo com a Palavra de Deus. Procurar fazer alguma coisa, ao longo da semana, motivados pela Palavra refletida neste encontro.

6 Compreendendo a missa

Oração da comunidade ou oração dos fiéis: Após a oração do Creio a comunidade celebrante é convidada a elevar seus pedidos ao Pai. Conforme diz São Paulo: "apresentai a Deus todas as vossas necessidades pela oração e pela súplica em ação de graças" (Fl 4,6). Diante dos apelos que a Palavra proclamada nos faz e a partir das necessidades da comunidade, da Igreja e do mundo, apresentamos pedidos e súplicas pelas necessidades, angústias, dores e desejos. É bom que a comunidade elabore e prepare suas preces e não apenas ler as que estão prontas em folhetos. As vezes, não expressam a realidade da comunidade. A resposta às preces seja cantada ou manifestada com confiança em forma de intercessão.

Anotações Pessoais

Data / /

28ª Encontro

Ser discípulo é comprometer-se na comunidade

A pessoa humana, criada pelo amor de Deus, recebe muitos dons e carismas. Colocar os dons a serviço, é criar relações de fraternidade entre as pessoas, respeitar as diferenças, construir o bem comum, despertar a solidariedade e fortificar a vida comunitária.

1 Momento de acolhida e oração

- Com a orientação do catequista, partilhar como foi a semana, o que fizeram de bom e o resultado do compromisso assumido no encontro passado.
- Fazer uma oração de forma espontânea.

Os discípulos receberam a missão de Jesus de formar comunidades servidoras. Junto com seus colegas e catequista, relembrem os fatos e atitudes sobre como viviam as primeiras comunidades cristãs.

Com este encontro vamos continuar aprofundando o conhecimento sobre as primeiras comunidades cristãs. Veremos que naquela época existiam conflitos e tensões nas comunidades. Mesmo assim, os seguidores de Jesus não deixavam de viver em comunidade e de colocar os dons a serviço dos irmãos.

2 Jesus Verdade! Ajuda-me a conhecer a Tua Palavra

- Acolher a Palavra cantando.
- Leitura do texto bíblico: At 6,1-7.
- Para refletir e partilhar:
    - Quem aparece no texto?
    - Que conflitos aparecem no texto?
    - O que fizeram para superar as dificuldades?
    - Quem decidiu o que fazer e como fizeram?

3 Jesus Caminho! Abre meu coração para acolher a Tua vontade

- Para conversar:
    - Conhecemos os conflitos que existem em nossa comunidade?
    - Sabemos das necessidades que a nossa comunidade tem?
    - Como podemos superar os conflitos?
    - Com a orientação do catequista: encenar alguma situação difícil na vida comunitária e que mostre a solução dos problemas.

4 Jesus Vida! Fortalece a minha vontade para viver a Tua Palavra

- Rezar pedindo perdão a Deus e à comunidade cristã pelas nossas indiferenças, pela omissão, pelas críticas, pela pouca colaboração. Após cada pedido, dizer: *perdão, Senhor!*
- Na certeza do nosso arrependimento e do perdão de Deus, rezar o ato de contrição.

Louvemos a Deus pela nossa comunidade, por todas as pessoas que a ajudam e colaboram para que seja conforme o Evangelho. Assim como um vaso, que com diferentes flores embeleza o ambiente, também nós, com nossas diferenças, somos convidados a embelezar a comunidade com a diversidade de dons a serviço dos irmãos.

◦ Qual o jeito de comunidade que queremos ser?

5 Compromisso

◦ O que você pode fazer para a comunidade ser mais autêntica no seguimento de Jesus Cristo?

6 Compreendendo a missa

Na celebração eucarística (missa), participamos de duas mesas: a mesa da Palavra e a mesa da Eucaristia. Depois de sermos alimentados pela Palavra que suscita conversão e dá sentido à vida, nos fortalecemos da Eucaristia, alimento da vida plena. As duas mesas merecem igual importância. Mesa da palavra e mesa da Eucaristia estão intimamente ligadas entre si. Deve-se evitar de usar estas duas mesas para outras funções. Não são próprias para avisos, recados, comentários.

Anotações Pessoais

29º Encontro

O discípulo sabe reconhecer e agradecer

Agradecer é um dos gestos mais nobres do coração humano. Agradecer a Deus pelo dom da vida e reconhecer as pessoas pela ajuda que nos prestam, nos fazem pessoas queridas e amadas. A gratidão é um tesouro que está no coração da pessoa humana. Uma das características mais importantes da fé cristã é a gratidão a Deus. Gratidão ocorre sempre que alguém faz algo que o outro gostaria que acontecesse, sem esperar nada mais em troca, e isso faz com que a pessoa que fez a ação se sinta feliz e a que recebeu também. A gratidão traz junto dela uma série de outros sentimentos, como amor, fidelidade, amizade e muito mais, diz-se que a gratidão é um sentimento muito nobre.

1 Momento de acolhida e oração

❯ Para conversar em duplas.

- Contar como foi a semana, o que conseguiu fazer para que a comunidade seja mais autêntica no seguimento de Jesus Cristo.
- Cada dupla faz uma oração agradecendo por aquilo que conseguiu fazer.

Neste encontro vamos refletir sobre os dez leprosos que Jesus cura, sendo que apenas um volta para agradecer a Jesus.

- Para refletir:
  - O que significa agradecer?
  - Quem tem o costume de agradecer?
  - O que você pensa de quem sabe agradecer?

2 Jesus Verdade! Ajuda-me a conhecer a Tua Palavra

- Canto.
- Leitura do texto bíblico: Lc 17,11-19.
- Juntos, vamos reconstruir o texto. Cada um lembra uma parte do texto.
- Para refletir e partilhar:
  - O que mais chamou a atenção?
  - Quantos eram os leprosos curados? Quantos voltaram?
  - Como foi a atitude do leproso que voltou?
  - O que fez Jesus com o leproso que voltou?

3 Jesus Caminho! Abre meu coração para acolher a Tua vontade

- Para conversar:
  - O que o texto nos ensina?
  - Sou uma pessoa agradecida ou só sei pedir?
  - Alguém lembra de agradecer ou rezar antes da refeição?
  - Qual a mensagem que fica para minha vida?
- Agora, anote o que sente que precisa fazer sobre o que conversaram para melhor acolher a vontade de Deus em sua vida.

4 Jesus Vida! Fortalece a minha vontade para viver a Tua Palavra

- Com a orientação do catequista, olhar para o centro da sala e responder:
  - O que vemos? De onde vem todas estas coisas?
- Escolher um elemento e responder:
  - Por que escolheu isto e não outra coisa?

_____
_____
_____
_____

- Assim que todos falarem, fazer uma oração de agradecimento.

5 Compromisso

- Organizar com o catequista um compromisso como resultado do encontro.

_____
_____
_____

6 Compreendendo a missa

A missa, também chamada eucaristia faz memória da paixão, morte e ressurreição do Senhor. O pão e o vinho, partilhados em forma de refeição, são um momento de ação de graças e súplica a exemplo de Jesus na última ceia. Eucaristia é o principal Sacramento da Páscoa Cristã. A liturgia eucarística além do encontro da comunidade, traz aos fiéis a Palavra, a Eucaristia e a síntese da vida de Jesus. A Eucaristia é a oferta, adoração e a glorificação a Deus, pelos benefícios recebidos, para obter de Deus o perdão dos pecados e para pedir a Deus graças e favores.

Anotações Pessoais

Anexo 1

Data / /

1º Encontro

AMO MINHA IGREJA! SOU DIZIMISTA

O dízimo faz parte da vida cristã. A experiência profunda de fé se manifesta também no dízimo como expressão de gratidão a Deus por tudo o que recebemos. O dízimo está presente desde o início da história do Povo de Deus. Quem oferece o dízimo faz a sua parte. Participar do dízimo é um grande ato de fé, de agradecimento a Deus, pois forma a comunidade através da justa partilha. Amo minha Igreja! Sou dizimista.

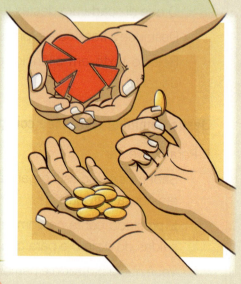

1 Momento de acolhida e oração

- Fazer o sinal da cruz cantado.
- Rezar a oração juntos:

Senhor, fazei de mim um dizimista consciente e alegre. Que meu dízimo seja grato agradecimento, ato de amor e reconhecimento de vossa bondade. O que tenho de bom, de vós recebi: vida, fé, saúde, amor, família, bens. Ajudai-me a partilhar com justiça e generosidade. Tirai o egoísmo de meu coração e a vaidade de minha mente. Que eu vos ame cada vez mais e que ame cada vez mais os meus irmãos. Quero ser no mundo espelho de vosso amor e de vossa paz. E que meu dízimo seja fonte de bênçãos para mim, para minha família e para minha comunidade. Amém.

- Para conversar:
  - Neste encontro vamos conversar sobre o tema do dízimo. Certamente já ouvimos falar alguma coisa. O que já sabemos sobre este assunto? O que é o dízimo? Quem deve contribuir com o dízimo e para que serve?

2 Jesus Verdade! Ajuda-me a conhecer a Tua Palavra

- Leitura dos textos bíblicos: Eclo 35, 4-10 e At 4, 32-35.
- Para refletir e partilhar:
  - O que diz cada um destes textos bíblicos?
  - Destaque a frase ou a expressão que mais ficou gravada em você.
  - Reler o texto em silêncio, procurando colocar-se no cenário do texto.

3 Jesus Caminho! Abre meu coração para acolher a Tua vontade

- Para conversar:
  - Sabemos como está organizado o dízimo em nossa comunidade, em nossa paróquia?
  - É prestado conta na comunidade sobre o valor das entradas e saídas do dízimo e para que foi destinado?
  - Você que é batizado e participa na Igreja, já é dizimista? Gostaria de ser?

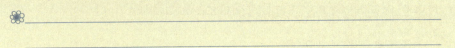

4 Jesus Vida! Fortalece a minha vontade para viver a Tua Palavra

- Dizer juntos as frases:

1. O dízimo é um compromisso do cristão que ama a Deus e sua comunidade.

2. O dízimo é um ato de fé, sinal de agradecimento pelos dons e bens recebidos de Deus.

3. O dízimo é um ato de louvor e de adoração a Deus.

4. O dízimo é o reconhecimento de que tudo pertence a Deus.

- Queremos compreender o dízimo como sinal de generosidade dos discípulos e discípulas de Jesus.

- Digamos após cada oração:

Todos: *Nossa missão é a comunhão.*

L1: Nós, cristãos, cremos num Deus que é generoso, que criou o universo e a nós, seres humanos, para sermos felizes.

L2: Toda a criação, e nós homens e mulheres feitos à imagem e semelhança de Deus, nos sentimos "em casa" quando estamos reunidos.

L3: Batizados em nome do Pai e do Filho e do Espírito Santo, enxertados na comunhão divina para participar de sua vida.

L1: Igreja é comunhão de vida, comunhão que gera missão. Essa comunhão é ampla, isto é, em todas as frentes. Nossa comunhão deve ser também na economia.

5 Compromisso

- Nesta semana, procurar saber como está organizado o dízimo em sua comunidade: Quem são os zeladores? Quem são os responsáveis por este serviço?

- Conversar em casa sobre este assunto do encontro de hoje e ver com os pais como a família participa do dízimo.

Anotações Pessoais

Anexo 2

2º Encontro

 Data ___/___/___

VOCAÇÃO: CHAMADO À VIDA

A vocação é um chamado de Deus. A resposta é pessoal e livre. Deus chama a cada um de nós se servindo de pessoas, necessidades, fatos, acontecimentos, inspirações... É Deus quem toma a iniciativa. Ele chama pelo nome. Ele nos tira do anonimato e nos confere uma missão e capacita para a missão. A resposta da pessoa se dá como doação e serviço concreto ao Povo de Deus. O primeiro chamado que Deus faz a cada um é o chamado à vida: é a vocação humana. Nós somos únicos, seres criados à imagem e semelhança de Deus.

1 Momento de acolhida e oração

- Juntos fazer o sinal da cruz. Acender a vela e cantar: *É preciso cuidar* (Pe. Osmar Coppi).

2 Jesus Verdade! Ajuda-me a conhecer a Tua Palavra

- Leitura do texto bíblico: Is 43, 1-7.
- Reler o texto.

142

- Para refletir e partilhar:
  - O que o texto diz?
  - Destacar frases e expressões que mais chamaram atenção.

3 Jesus Caminho! Abre meu coração para acolher a Tua vontade

- Após ler o texto proposto pelo catequista, responder:
  - O que esta história tem a ver com o chamado de Deus e que relação tem com o texto bíblico?

  _____
  _____

  - Como posso contribuir ou me comprometer para que a minha vida, da minha família, da comunidade, da sociedade e do planeta seja plena de harmonia e encantamento?

  _____
  _____

  - Qual a relação desta história com a vocação à vida?

  _____
  _____

  - Deus chama a cada um pelo nome. Você recebeu um nome e ele te identifica como pessoa. Mesmo que alguém tenha o nome igual ao seu, você é único e irrepetível. O que o seu nome significa para você? Você gosta do seu nome? Por quê?

  _____
  _____
  _____

4 Jesus Vida! Fortalece a minha vontade para viver a Tua Palavra

- O que o texto me leva a dizer a Deus? Faça sua oração. Depois, partilhar no grupo.

- O texto bíblico que lemos diz: *"Agora, porém, assim diz Javé, aquele que criou você, aquele que formou você. Não tenha medo porque eu o redimi e o chamei pelo nome; você é meu"*.

- Em silêncio, pensemos: Nós somos chamados, recebemos um nome, somos de Deus.

- Rezar a *Oração vocacional* que se encontra junto às orações do cristão no final do livro.

5 Compromisso

- Destacar de maneira criativa aspectos significativos da vivência da sua vocação humana, ou seja, da sua resposta positiva do chamado à vida.

    - Como podemos viver, pessoalmente, o projeto de Deus em nossa existência?

    - O que podemos fazer como grupo?

Anotações Pessoais

ORAÇÕES DO CRISTÃO

Pelo sinal da santa cruz, livrai-nos Deus, Nosso Senhor, dos nossos inimigos. Em Nome do Pai e do Filho e do Espírito Santo. Amém!

Oferecimento do dia

Adoro-vos, meu Deus, amo-vos de todo o meu coração. Agradeço-vos porque me criastes, me fizestes cristão, me conservastes a vida e a saúde. Ofereço-vos o meu dia: que todas as minhas ações correspondam à vossa vontade, e que eu faça tudo para a vossa glória e a paz dos homens. Livrai-me do pecado, do perigo e de todo mal. Que a vossa graça, bênção, luz e presença permaneçam sempre comigo e com todos aqueles que eu amo. Amém!

Pai-Nosso

Pai nosso que estais nos céus, santificado seja o vosso nome; venha a nós o vosso reino, seja feita a vossa vontade, assim na terra como no céu.

O pão nosso de cada dia nos dai hoje; perdoai-nos as nossas ofensas, assim como nós perdoamos a quem nos tem ofendido; e não nos deixeis cair em tentação, mas livrai-nos do mal. Amém!

Ave-Maria

Ave Maria, cheia de graça, o Senhor é convosco; bendita sois vós entre as mulheres, e bendito é o fruto do vosso ventre, Jesus. Santa Maria, Mãe de Deus, rogai por nós, pecadores, agora e na hora de nossa morte. Amém!

Glória ao Pai e ao Filho e ao Espírito Santo. Como era no princípio, agora e sempre. Amém!

Salve Rainha

Salve, Rainha, Mãe de misericórdia, vida, doçura e esperança nossa, salve! A vós bradamos os degredados filhos de Eva. A vós suspiramos, gemendo e chorando neste vale de lágrimas. Eia, pois, advogada nossa, esses vossos olhos misericordiosos a nós volvei, e depois deste desterro, mostrai-nos Jesus, bendito fruto do vosso ventre, ó clemente, ó piedosa, ó doce e sempre Virgem Maria.
– Rogai por nós, Santa Mãe de Deus!
– Para que sejamos dignos das promessas de Cristo. Amém!

Saudação à Nossa Senhora (no tempo comum)

– O anjo do Senhor anunciou a Maria.
– E ela concebeu do Espírito Santo.
Ave Maria...
– Eis aqui a serva do Senhor.
– Faça-se em mim segundo a vossa Palavra.
Ave Maria...
– E o Verbo se fez carne.
– E habitou entre nós.
Ave, Maria...
– Rogai por nós, Santa Mãe de Deus.
– Para que sejamos dignos das promessas de Cristo.

Oremos: Infundi, Senhor, como vos pedimos, a vossa graça em nossas almas, para que nós, que pela anunciação do anjo viemos ao conhecimento da encarnação de Jesus Cristo, vosso Filho, por sua paixão e morte sejamos conduzidos à glória da ressurreição. Pelo mesmo Cristo, Senhor nosso. Amém!

Para o Tempo Pascal REGINA COELI (Rainha do Céu)

– Rainha do céu, alegrai-vos, aleluia.
– Porque quem merecestes trazer em vosso puríssimo seio, aleluia.
– Ressuscitou como disse, aleluia.
– Rogai por nós a Deus, aleluia.
– Exultai e alegrai-vos, ó Virgem Maria, aleluia.
– Porque o Senhor ressuscitou verdadeiramente, aleluia.
Oremos: Ó Deus, que vos dignastes alegrar o mundo com a ressurreição do vosso Filho Jesus Cristo, Senhor nosso, concedei-nos, vo-lo suplicamos, que por sua Mãe, a Virgem Maria, alcancemos os prazeres da vida eterna. Pelo mesmo Senhor Jesus Cristo. Amém!

ANJO DE DEUS, que sois a minha guarda, e a quem fui confiado por celestial piedade, iluminai-me, guardai-me, protegei-me, governai-me. Amém!

Anjo da Guarda

Santo Anjo do Senhor, meu zeloso guardador, se a ti me confiou a piedade divina, sempre me rege, guarda, governa e ilumina. Amém!

Credo

Creio em Deus Pai todo-poderoso, criador do céu e da terra; e em Jesus Cristo, seu único Filho, nosso Senhor; que foi concebido pelo poder do Espírito Santo; nasceu da Vigem Maria, padeceu sob Pôncio Pilatos, foi crucificado, morto e sepultado. Desceu à mansão dos mortos; ressuscitou ao terceiro dia; subiu aos céus, está sentado à direita de Deus Pai todo-poderoso, donde há de vir a julgar os vivos e os mortos. Creio no Espírito Santo, na Santa Igreja Católica, na comunhão do santos, na remissão dos pecados, na ressurreição da carne, na vida eterna. Amém!

Oração para viver bem o dia

Maria, minha querida e terna mãe, colocai vossa mão sobre a minha cabeça. Guardai a minha mente, meu coração e meus sentidos, para que eu possa agradar a vós e ao vosso Jesus e meu Deus e, assim, possa partilhar da vossa felicidade no céu. Jesus e Maria, dai-me a vossa bênção: Em nome do Pai e do Filho e do Espírito Santo. Amém!

Ato de contrição I

Meu Deus, eu me arrependo de todo o coração de vos ter ofendido, porque sois tão bom e amável. Prometo, com a vossa graça, nunca mais pecar. Meu Jesus, misericórdia!

Ato de contrição II

Senhor, eu me arrependo sinceramente de todo mal que pratiquei e do bem que deixei de fazer. Pecando, eu vos ofendi, meu Deus e Sumo Bem, digno de ser amado sobre todas as coisas. Prometo, firmemente, ajudado com a vossa graça, fazer penitência e fugir das ocasiões de pecar. Senhor, tende piedade de mim, pelos méritos da paixão, morte e ressurreição de Jesus Cristo, Nosso Salvador. Amém!

Oração pela família

Pai, que nos protegeis e que nos destes a vida para participarmos de vossa felicidade, agradecemos o amparo que os pais nos deram desde o nascimento. Hoje queremos vos pedir pelas famílias, para que vivam na união e na alegria cristãs. Protegei nossos lares do mal e dos perigos que ameaçam a sua unidade. Pedimos para que o amor não desapareça nunca, e que os princípios do Evangelho sejam a norma de vida. Pedimos pelos lares em dificuldades, em desunião e em perigo de sucumbir, para que, lembrados do compromisso assumido na fé, encontrem o caminho do perdão, da alegria e da doação. A exemplo de São José, Maria Santíssima e Jesus, sejam nossas famílias uma pequena Igreja, onde se viva o amor. Amém!

Invocação ao Espírito Santo

Vinde, Espírito Santo, enchei os corações dos vossos fiéis e acendei neles o fogo do vosso amor. Enviai o vosso Espírito e tudo será criado, e renovareis a face da Terra.

Oremos: Deus, que instruístes os corações dos vossos fiéis com a luz do Espírito Santo, fazei que apreciemos retamente todas as coisas segundo o mesmo Espírito, e gozemos sempre de sua consolação. Por Cristo, Senhor Nosso. Amém!

Consagração a Nossa Senhora

Ó Senhora minha, ó minha Mãe, eu me ofereço todo(a) a vós, e em prova da minha devoção para convosco vos consagro neste dia e para sempre, os meus olhos, os meus ouvidos, a minha boca, o meu coração e inteiramente todo o meu ser. E porque assim sou vosso(a), ó incomparável Mãe, guardai-me e defendei-me como coisa e propriedade vossa.

Oração pelas vocações

Jesus, Divino Mestre, que chamastes os apóstolos a vos seguirem, continuai a passar pelos nossos caminhos, pelas nossas famílias, pelas nossas escolas e continuai a repetir o convite a muitos dos nossos jovens. Dai coragem às pessoas convidadas. Dai força para que vos sejam fiéis como apóstolos leigos, como sacerdotes, como religiosos e religiosas, para o bem do povo de Deus e de toda a humanidade. Amém!

Mandamentos

Os dez mandamentos da lei de Deus são:

1. Amar a Deus sobre todas as coisas.
2. Não tomar seu santo Nome em vão.
3. Guardar domingos e festas.
4. Honrar pai e mãe.
5. Não matar.
6. Não pecar contra a castidade.
7. Não furtar.
8. Não levantar falso testemunho.
9. Não desejar a mulher do próximo.
10. Não cobiçar as coisas alheias.

Os mandamentos da Igreja são:

1. Participar da missa nos domingos e nas festas de guarda.
2. Confessar-se ao menos uma vez ao ano.
3. Comungar ao menos na Páscoa da ressurreição.
4. Jejuar e abster-se de carne conforme manda a Igreja.
5. Contribuir com o dízimo e ajudar a Igreja em suas necessidades.

Os mandamentos da caridade são:

1. Amarás ao Senhor teu Deus, de todo o teu coração, de toda a tua alma e de toda a tua mente.
2. Amarás o teu próximo como a ti mesmo.

Pecados Capitais

Os sete pecados capitais são:

1. Gula
2. Vaidade
3. Luxúria
4. Avareza
5. Preguiça
6. Cobiça
7. Ira

Sacramentos

Os sete Sacramentos são:

1. Batismo
2. Crisma ou Confirmação
3. Eucaristia
4. Penitência ou Reconciliação
5. Ordem ou Sacerdócio
6. Matrimônio
7. Unção dos Enfermos

Anotações Pessoais

Anotações Pessoais

Anotações Pessoais

Anotações Pessoais

Anotações Pessoais

Anotações Pessoais

Anotações Pessoais

CULTURAL

Administração
Antropologia
Biografias
Comunicação
Dinâmicas e Jogos
Ecologia e Meio Ambiente
Educação e Pedagogia
Filosofia
História
Letras e Literatura
Obras de referência
Política
Psicologia
Saúde e Nutrição
Serviço Social e Trabalho
Sociologia

CATEQUÉTICO PASTORAL

Catequese
  Geral
  Crisma
  Primeira Eucaristia

Pastoral
  Geral
  Sacramental
  Familiar
  Social
  Ensino Religioso Escolar

TEOLÓGICO ESPIRITUAL

Biografias
Devocionários
Espiritualidade e Mística
Espiritualidade Mariana
Franciscanismo
Autoconhecimento
Liturgia
Obras de referência
Sagrada Escritura e Livros Apócrifos

Teologia
  Bíblica
  Histórica
  Prática
  Sistemática

REVISTAS

Concilium
Estudos Bíblicos
Grande Sinal
REB (Revista Eclesiástica Brasileira)
SEDOC (Serviço de Documentação)

VOZES NOBILIS

Uma linha editorial especial, com importantes autores, alto valor agregado e qualidade superior.

VOZES DE BOLSO

Obras clássicas de Ciências Humanas em formato de bolso.

PRODUTOS SAZONAIS

Folhinha do Sagrado Coração de Jesus
Calendário de mesa do Sagrado Coração de Jesus
Agenda do Sagrado Coração de Jesus
Almanaque Santo Antônio
Agendinha
Diário Vozes
Meditações para o dia a dia
Encontro diário com Deus
Guia Litúrgico

CADASTRE-SE
www.vozes.com.br

EDITORA VOZES LTDA.
Rua Frei Luís, 100 – Centro – Cep 25689-900 – Petrópolis, RJ
Tel.: (24) 2233-9000 – Fax: (24) 2231-4676 – E-mail: vendas@vozes.com.br

UNIDADES NO BRASIL: Belo Horizonte, MG – Brasília, DF – Campinas, SP – Cuiabá, MT
Curitiba, PR – Fortaleza, CE – Goiânia, GO – Juiz de Fora, MG
Manaus, AM – Petrópolis, RJ – Porto Alegre, RS – Recife, PE – Rio de Janeiro, RJ
Salvador, BA – São Paulo, SP